ÜBER GLÜCK UND UNGLÜCK DES ALTERS

Herausgegeben von
Friedrich Wilhelm Graf

Über Glück und Unglück des Alters

Herausgegeben von
Friedrich Wilhelm Graf

Ein Projekt der Stiftung Augustinum,
der Diakonie Neuendettelsau und
der Rummelsberger Dienste für Menschen

Verlag C. H. Beck

Mit 23 Abbildungen

© Verlag C. H. Beck oHG, München 2010
Satz: Fotosatz Amann, Aichstetten
Druck und Bindung: MMC, Memminger MedienCentrum
Gedruckt auf säurefreiem, alterungsbeständigem Papier
(hergestellt aus chlorfrei gebleichtem Zellstoff)
Printed in Germany
ISBN 978 3 406 59783 1

www.beck.de

Inhalt

FRIEDRICH WILHELM GRAF

Einleitung:
Vom eigenen Glück des Alters

Das Alter und die Alten sind zu einem zentralen Thema im sozialpolitischen Diskurs vieler europäischer Gegenwartsgesellschaften geworden. Die Rede vom «alten Kontinent» oder «alten Europa» scheint einen neuen Klang zu gewinnen: Schon in naher Zukunft, im Jahre 2030, werden fast alle europäischen Industriegesellschaften von einem historisch neuen, bisher unbekannten demographischen Muster geprägt sein. Im europäischen Zeitalter der Alten werden mehr ältere Menschen jenseits der 60 leben als junge unter 20, und auch der Anteil der ganz Alten über 80 wird kontinuierlich steigen. Die interdisziplinäre historische Altersforschung hat gezeigt, dass in Europa die Lebenserwartung des Menschen innerhalb der letzten 150 Jahre um 40 Jahre gestiegen ist. Dieser Prozess der kontinuierlichen Verlängerung der durchschnittlichen Lebenszeit hält weiter an. Im Vergleich zum Jahr 1970 hat sich die Lebenserwartung einer bzw. eines sechzigjährigen Deutschen um rund 5 Jahre auf 24 Jahre bei Frauen und 20 Jahre bei Männern verlängert. Wissenschaftler des Max-Planck-Instituts für demographische Forschung gehen davon aus, dass die Lebenserwartung in den Industriestaaten nun um zwei bis drei Jahre pro Dekade steigen wird. Das Statistische Bundesamt kann für Deutschland ebenso faszinierende wie politisch provozierende Prognosen wagen. Bis 2030 wird die Zahl der über Sechzigjährigen um fast 40 Prozent von heute gut 20 Millionen auf dann über 28 Millionen steigen. Die Gruppe der über Achtzigjährigen wächst noch schneller, stärker: Derzeit leben in der Bundesrepublik 3,6 Millionen Menschen im Alter von 80 Jahren und darüber. Bis 2030 wird diese Gruppe um ca. 70 Prozent auf dann 6,3 Millionen ganz Alte, Hochbetagte zwischen 80 und 100 wachsen. Eine kontinuierlich zunehmende Zahl der jetzt lebenden Deutschen mittleren Alters wird den neunzigsten Geburtstag feiern können. Bei ihren Kindern und Enkelkindern werden aller Wahrscheinlichkeit nach dreistellige Geburtstage zur Regel werden. Das Statistische Bundesamt geht davon aus, dass dieser demographische Wandel im Jahre 2030 zu mindestens 50 Prozent mehr Pflegebedürftigen führen wird, von heute rund 2 Millionen auf fast 3,5 Millionen Menschen. Im Jahr 2035 werden die Deutschen zu den durchschnittlich ältesten Völkern der Welt zählen. Über die Hälfte der Deutschen wird dann über 50 Jahre alt sein. Ob man diese demographischen Prozesse in der griffigen Formel von der «Überalterung der deutschen Bevölkerung» zusammenfassen soll, ist eine Frage von Takt und Stilgefühl. Deutlich aber lässt sich erkennen: Das kommende Zeitalter der Alten bedeutet eine beispiellose sozialpolitische Herausforderung. Und es zwingt dazu, verstärkt intellektuelle Neugier in das Verstehen von Altern und Alter zu investieren.

Der politische Altersdiskurs im Lande steht in engem Zusammenhang mit den Debatten über die Konkurrenzfähigkeit des Standortes Deutschland in einem zunehmend globalisierten Kapitalismus. Ein weit verbreitetes Argument lautet: Eine Gesellschaft der vielen Alten drohe ihre Innovationskraft zu verlieren, finde sich Kreativität und der Mut, ungewohnte, neue Wege zu beschreiten, doch vor allem bei den Jüngeren. Andere Ökonomen betonen hingegen, dass sich die Folgeprobleme des demographischen Wandels meistern ließen, gelinge es nur, in der Zukunft die vorhandenen Potenziale an «Humankapital» besser zu nutzen. Keineswegs sei es historisch zwingend, dass der schnelle technologische Fortschritt, insbesondere die Dauerrevolution in der Informations- und Kommunikationstechnologie, die Kompetenzen der Älteren besonders schnell entwerte. Im Übergang von der alten Industriegesellschaft in eine neue Dienstleistungsgesellschaft seien gerade Fähigkeiten gefragt, über die viele ältere gut ausgebildete Männer und Frauen verfügten. Es müsse politisch nur gelingen, überkommene und dysfunktional gewordene Vorstellungen von einer Normalbiographie mit einem festen und abrupten Übergang aus der Erwerbstätigkeit in den Ruhestand zu überwinden. In der alten Bundesrepublik lag das Renteneintrittsalter sehr viel niedriger als in vielen anderen europäischen Gesellschaften. Erst durch die Agenda 2010 wurde der Trend zu vorgezogenem Ruhestand und zu immer mehr Altersteilzeitarbeit gestoppt, so dass die Erwerbsbeteiligung älterer Arbeitskräfte in den letzten Jahren allmählich wieder stieg. Viele Wirtschaftswissenschaftler fordern nun, diesen Trend zu stärken und für Ältere deutlich mehr Stellen mit kürzeren und flexibleren Arbeits-

zeiten zu schaffen. Die meisten älteren Menschen seien er-
werbsfähiger, lernbereiter und zukunftsoffener, als häufig vermutet werde. Eine staatlich verordnete Zwangspensionie-
rung am Ende des fünfundsechzigsten Lebensjahres negiere
die gewachsene Vielfalt ganz unterschiedlicher Lebensent-
würfe und zwinge aktive, zu Erwerbsarbeit fähige Menschen
in fatale Passivität. Ein Ende der Leistungsfähigkeit lasse sich
nicht gesetzlich erzwingen, und jeder Versuch, hier allgemein
geltende Rechtsnormen zu fixieren, laufe im Kern auf Alters-
diskriminierung hinaus. Nur indem die schrumpfende Bevölkerung länger und intelligenter arbeite, ließe sich der Zusam-
menbruch der überkommenen Systeme der sozialen Siche-
rung – gesetzliche Rentenversicherung, Krankenversicherung,
Pflegeversicherung – verhindern: statt Frühverrentungen nun
also eine gezielte Erhöhung der Erwerbsbeteiligung Älterer.
Für diesen politischen Diskurs repräsentativ ist der «Fünfte
Bericht zur Lage der älteren Generation in Deutschland» aus
dem Sommer 2005, den eine im Mai 2003 von Renate
Schmidt, der damaligen Bundesministerin für Familie, Senioren, Frauen und Jugend, berufene «Sachverständigenkom-
mission» erarbeitet hat. Der Titel des Berichts lautet: «Potenziale des Alters in Wirtschaft und Gesellschaft. Der Beitrag
älterer Menschen zum Zusammenhalt der Generationen».
Hier werden die Senioren zu «Aktivposten in unserer Gesellschaft» erklärt. Man dürfe nicht einseitig die Schwächen,
sondern müsse vorrangig die Stärken der Älteren sehen.
Dringend geboten sei ein «Perspektivenwechsel für ein positives Leitbild des Alters». Denn die «heutige ältere Generation verfügt im Vergleich zu früheren älteren Generationen
über eine bessere Ausbildung, über eine bessere Gesundheit

sowie über höhere finanzielle Ressourcen». Altersarmut betreffe nur eine sehr kleine Minderheit der Älteren, und die große Mehrheit von ihnen sei sozial sehr gut abgesichert. Zudem verfügten die gesunden Alten über «wertvolle Erfahrungen, reichhaltiges Wissen und berufliche Kompetenzen». So könnten sie in den gewonnenen Jahren zwischen 60 und 80 etwa spezifische Dienstleistungen im Erziehungs- und Bildungsbereich erbringen. Der «Fünfte Altenbericht» entwirft das Bild älterer Aktivbürger in einer «Gesellschaft des langen Lebens», hoch engagierter gesunder Senioren, die lebenslang lernen, ihren Wissens- und Erfahrungsschatz in zivilgesellschaftlichen Organisationen nutzen, in individuell selbstbestimmter Intensität am Erwerbsleben teilnehmen und nicht zuletzt als kaufkräftige Konsumenten den Wohlstand des Landes fördern. Denn wenn der Übergang vom Erwerbsleben in die sogenannte «Nacherwerbsphase», also das Rentenalter oder den Ruhestand, flexibilisiert, nach individuellen Wünschen gestaltet wird, verfügen ältere Menschen zunehmend auch über größere finanzielle Ressourcen. Sie sind «Wirtschaftsmotoren», indem sie seniorenspezifische Produkte und Dienstleistungen in Anspruch nehmen, etwa haushaltsnahe Dienstleistungen oder medizinische Präventionsangebote. Und wenn die durchschnittliche Lebenszeit der relativ Wohlhabenden steigt, gewinnen auch alle möglichen Anti-Aging-Produkte an Attraktivität und Marktanteil. Man will länger als die Vorfahren leben, aber dabei möglichst lang jung bleiben. Wo die «Lebenszufriedenheit» der Älteren erhalten bleibt oder gar wächst, tragen sie auf eigene Weise dazu bei, die allemal fragile «Solidarität zwischen den Generationen» zu stärken. Man mag dieses politische Leitbild vom vitalen Aktivbürger jenseits der 60 als allzu optimistisch, hoffnungsfroh kritisieren. Aber es kann sich in wichtigen Grundzügen auf Einsichten der neueren Gerontologie stützen.

Im Altersdiskurs des 19. und frühen 20. Jahrhunderts wurden häufig sehr negative Bilder der Alten gezeichnet. Alte Menschen galten hier primär als leistungsschwach, gebrechlich, krank, senil und pflegebedürftig. Man attestierte ihnen einen elementaren Mangel an Flexibilität und betonte die Einschränkungen ihrer sozialen Kommunikationsfähigkeiten, etwa infolge von Schwerhörigkeit, Taubheit, Vergesslichkeit und zunehmend begrenzterer Mobilität. Oft klagte man über die Hässlichkeit ihrer Körper, die allen Schönheitsidealen widerstreite, und beschrieb die Alten als eigenbrötlerische, schwachköpfige Sozialleichen, isoliert, vereinsamt, intolerant und verbittert. Wer alt sei, sei verbraucht, baue ab und büße elementare psychische Funktionen ein, und überhaupt sei Altern nur eine grausame Last. Viele ältere Menschen haben sich dieses in einigen Wissenschaften, aber auch in den Künsten entworfene Defizitmodell zu eigen gemacht, also ein negatives Fremdbild in ihr Selbstbild überführt und darin affirmiert: Wer als alter Problemmensch gesehen wird, sieht sich bald selbst als Problem. Seit rund 50 Jahren nun versucht die wissenschaftliche Gerontologie dieses Negativbild des Alterns zu erschüttern. Die moderne Altersforschung zeichnet sehr viel differenziertere Bilder des Alterns und hebt insbesondere die hohe Pluralität ganz unterschiedlicher und je eigener Entwürfe des Lebens im Alter hervor. Sie findet darin Unterstützung durch diverse Seniorenorganisationen, die, ausgehend von den USA und zum Teil in sehr militanter

Rhetorik, den Kampf gegen «Ageism», die Altenfeindschaft, aufgenommen haben.

Ein entscheidender Schritt zur Differenzierung der Sicht auf das Alter liegt darin, unterschiedliche Phasen des Älterwerdens und Altseins zu unterscheiden. Eine einheitliche Terminologie hat sich in den hier engagierten Wissenschaften, von der Medizin bis hin zur Soziologie, nicht entwickeln können. Aber die Unterscheidung zwischen «jungen Alten» und «alten Alten» ist weithin Konsens. Als junge Alte gelten die Alten zwischen 60 und 80, die heute deutlich gesünder, fitter, autonomer leben als die gleichaltrigen Generationen vor ihnen. Andere Autoren sprechen vom Dritten und vom Vierten Lebensalter, um die ganz fundamentalen Unterschiede zwischen dem Alter der Sechzig- bis Achtzigjährigen und den Lebenserfahrungen der Ältesten, Hochbetagten oder, so der wissenschaftliche Jargon, Hochaltrigen über 80 zu betonen. Die jungen Alten in Deutschland sind in aller Regel gesünder, wohlhabender, mobiler und aktiver, als dies früher der Fall war, und neurologische Forschungen zeigen, dass sie sehr viel vitaler, lernfähiger, flexibler und zukunftsoffener sind, als man früher vermutet hatte. Für die jungen Alten zeichnet die neuere Altersforschung also ein hoffnungsfrohes, positives Bild von Menschen, die ein erstaunlich starkes Selbstbewusstsein haben, vielfältig aktiv sind und faszinierend selbstbestimmt leben. Ihre Lebensqualität ist zumeist sehr hoch, und sie bekunden in Umfragen viel Lebenszufriedenheit. Natürlich spielt Gesundheit dabei die entscheidende Rolle: Je älter man wird, desto stärker wird die «Gesundheitszufriedenheit» für das subjektive Wohlbefinden grundlegend. Viele Sozialwissenschaftler waren über die Ergebnisse ihrer Umfragen selbst überrascht: Die Lebenszufriedenheit der jungen Alten unterscheidet sich nur kaum von der der Jüngeren. Gut zwei Drittel der jungen Alten leben in stabilen Partnerschaften, sind mit ihrem Renteneinkommen zufrieden, gehen vielfältigen Beschäftigungen nach oder nehmen an Bildungsprogrammen für Senioren teil, etwa in Volkshochschulen oder Universitäten. Die Generation «50plus» der Fünfzig- bis Siebzigjährigen geht, wie der Soziologe Dieter Otten in einer großen Studie gezeigt hat, sehr gerne aus. Sie begeistert sich für Konzerte, Kinofilme, aber auch den eigenen Garten, Partys und Tanzen. Bildungsreisen stehen hoch im Kurs. Diese Generation fühlt sich noch gar nicht alt. Die jungen Alten sind, wenn man dies denn überhaupt messen kann, glückliche Menschen, Menschen, die ihre Lebensumstände gutheißen und selbstbestimmt handeln. Stärker als Jüngere wissen sie, dass die knappe Ressource Lebenszeit sich zunehmend erschöpft, und deshalb leben sie oft intensiver, reflektierter, gegenwartsbewusster, als sie es als Vierzig- oder Fünfzigjährige getan haben. Insgesamt ist das junge Alter in den letzten vierzig Jahren deutlich besser geworden, und viele Indikatoren sprechen dafür, dass die Vitalisierungsdynamik der gewonnenen Jahre zwischen 60 und 80 weiter anhält.

Allerdings haben viele junge Alte Angst davor, schon bald alte Alte zu sein. Denn sie wissen: Das alte Alter bedeutet eine dramatische Einschränkung selbstbestimmten Lebens. Die meisten Deutschen, ob jung oder alt, hoffen darauf, wie der große Berliner Gerontopsychologe Paul B. Baltes, lange Jahre Direktor des Max-Planck-Instituts für Bildungsforschung in Berlin, gezeigt hat, ihren achtzigsten Geburtstag feiern zu können, und wünschen sich, dann bald danach, irgendwann zwischen 80 und 85, zu sterben.

Gut zwei Drittel aller Deutschen, knapp über 70 Prozent, wollen das Wie und Wann ihres Todes selbst bestimmen. Nach Paul B. Baltes ist die «deutsche Bevölkerung auf dem Weg …, das Alter einschließlich des Lebensendes in die eigene Hand nehmen zu wollen». Denn man weiß um die Mühen und Qualen des alten Alters. Im hohen Alter nehmen schnell die Kräfte ab, und chronische körperliche Beschwerden beeinträchtigen Tag für Tag das subjektive Wohlbefinden. In der Regel verschlechtert sich mit steigendem Alter der Gesundheitszustand. Unter den Siebzigjährigen sind 5 Prozent an Demenz erkrankt. Aber bei den Achtzigjährigen sind es schon 10 bis 15 Prozent, und bei den Neunzigjährigen dann jeder zweite. Jeder zweite Deutsche jenseits der neunzig hat also ganz elementare Eigenschaften des Menschen wie Selbstständigkeit, Identitätsbewusstsein, Kommunikationsfähigkeit und Intentionalität eingebüßt. Knapp ein Drittel der über Achtzigjährigen ist pflegebedürftig. Zudem werden Hochaltrige schnell einsam. Leben rund 70 oder gar 80 Prozent der Sechzig- bis Fünfundsechzigjährigen mit einem Partner zusammen, so sind es bei den Siebzig- bis Fünfundsiebzigjährigen nur noch knapp 50 Prozent und bei den Achtzigjährigen gar nur noch 30 Prozent. Mit steigendem Alter nimmt also der Anteil der Verwitweten deutlich zu. Nahezu zwei Drittel der über Achtzigjährigen leben in Einpersonenhaushalten. Viele Hochaltrige klagen deshalb über Einsamkeit, Isolation, Trennungsschmerz. Und sie leben in dem Bewusstsein, dass für sie der Vorrat an Lebenszeit immer geringer wird und sich die Ressource Zukunft erschöpft hat. Baltes und andere

Gerontologen haben gezeigt, dass die Hochaltrigen immer mehr Geistesgegenwart benötigen, um ihren Körper funktionsfähig zu halten. Wer mit 90 Jahren noch nicht erkrankt ist, muss einen immer größeren Teil seiner geistigen Konzentration für die Steuerung alltäglicher Bewegungen in Anspruch nehmen. Insoweit gilt, was Peter Gruss im Vorwort zu einer aktuellen Studie über die Zukunft des Alterns geschrieben hat: «Allgemein ist ... der Negativeffekt des hohen Alters um ein Vielfaches größer als der historische Fortschritt in der Vitalität des Alters. Ein Heer von Sechzig- und Siebzigjährigen, die sich in ihrer grundlegenden Leistungsfähigkeit nur wenig von Fünfzigjährigen unterscheiden, vermittelt zwar ein neues, hoffnungsvolles Bild des Alterns. Ihnen stehen aber immer mehr Hochbetagte gegenüber, die die Widrigkeiten, wenn nicht sogar Grausamkeiten des Alterns erleiden.» Sie erfahren das Ganz-alt-Werden oft als Unglück und wissen nicht, wie sie den Wunsch nach selbstbestimmtem Sterben in die Tat umsetzen sollen. Sie erfahren die Extension der Lebenszeit jedenfalls nicht mehr als einen Gewinn, als ein gutes Leben. Daher muss verstärkt über Lebensqualität im hohen Alter nachgedacht werden. Zu erinnern ist insbesondere an die weise Einsicht, dass Lebensqualität nicht darin besteht, mehr Zeit ans Leben zu fügen, sondern, genau umgekehrt, mehr Lebensintensität in allemal begrenzter Zeit zu erfahren.

Martin Heidegger hat in einem Geburtstagsbrief an eine Tante einmal von der «eigenen Würde des Alters» gesprochen. «Wenn wir die eigene Würde des Alters, seinen Reichtum der wesentlichen Erinnerung, seine Klarheit über das Wesentliche und Unwesentliche des Menschenlebens sehen und schätzen, dann besteht ein Recht, aber auch die Notwendigkeit, ein hohes Alter zu feiern und bei solcher Feier auch Glück zu wünschen», schreibt Heidegger am 16. März 1936 an seine Tante Gertrud. Solche «eigene Würde des Alters» lässt sich aber immer nur am individuellen Ort wahrnehmen, in der je eigenen Lebensperspektive eines bestimmten Menschen. Genau darum geht es in diesem Band: Ältere Gelehrte und Künstler ganz unterschiedlicher Herkunft entfalten ihren individuellen Blick auf das Alter und ihr Altgewordensein. Sie sind teils noch junge Alte, wie der Herausgeber, teils schon ältere Alte, die freilich weder Geistesgegenwart und intellektuelle Kreativität noch ihre hohe Mobilität eingebüßt haben. Sie sind teils fromme Protestanten, teils protestantische Agnostiker. Sie wählen teils konservativ, teils liberal, teils entschieden links. Sie entfalten ein philosophisches Konzept der «Zeit im Alter», denken nach über die christliche «Hoffnung für das Alter» und beobachten mit kunsthistorisch geschultem Blick «Das Verschwinden des Alters» in der modernen europäischen Kunst. Und sie suchen danach, wie das «Altern als Kunst» gelebt werden kann, und schreien schreibend die «Wut des Alters» aus sich heraus. Was sie vereint, ist die elementare Einsicht, dass das Alter zu wichtig ist, um es allein den gelehrten Gerontologen oder den Assistenzdienstleistern mit seniorenspezifischen Angeboten zu überlassen. Wenn die meisten von uns immer älter werden, dann sollte man bald damit beginnen, über das Alter nachzudenken. Und zwar am besten über das *eigene* Älterwerden.

HERMANN LÜBBE

Zeit im Alter

Zunächst möchte ich einige spezifische Zeitnutzungszwänge skizzieren. Diese Zwänge prägen auch das moderne Alter, und das möchte ich anschließend anschaulich machen. Schließlich soll von einer epochenindifferenten Zeiterfahrung die Rede sein, die altbekannt, aber unbeschadet ihres Alters nicht veraltet ist. Also:

1. Zeitnutzungszwänge

Moderne Zeitnutzungszwänge verlangen eigene Tugenden, die uns ihnen gewachsen sein lassen, und die bekannteste unter ihnen ist die Pünktlichkeit. Nicht, dass die Anforderungen der Pünktlichkeit in vormodernen Zivilisationsepochen unbekannt gewesen wären. Aber sie hatten ihre sozial und kulturell herausgehobenen Orte – vorzugsweise in hochrituell geordneten Zeitabläufen des höfischen und kirchlichen Lebens. Die Pünktlichkeit sei die Höflichkeit der Könige – diese Redeweise ist, wenn auch selten gebraucht, noch verfügbar. Fast ein Viertel der Mitgliedsländer der Europäischen Union

sind ja auch heute noch Monarchien, überwiegend altbe-
währte Demokratien überdies, und es ergäbe eine absurde
Szene, wenn man sich vorstellte, in Erwartung der Anfahrt
der Königin zur Geburtstagsparade schaute das Volk teils un-
geduldig, teils besorgt auf die Uhr mit dem Gemurmel: «Wo
bleibt sie nur?» – Für die Einhaltung der Zeitordnung religiö-
ser Riten würde in einem besonders wichtigen Fall der Blick
auf die Uhr nicht einmal genügen. Für die Festlegung der beweglichen Feiertage des christlichen Kirchenjahrs gilt das.
Für die temporal korrekte Identifikation künftiger Ostertage
ist man auf astronomisches Expertenwissen angewiesen, und
schon in der Antike stand dieses Wissen zur Verfügung. Die
Prognosen der kommenden ersten Sonntage nach dem ersten
Vollmond nach Frühlingsanfang sind nicht Allgemeingut und
beruhen ersichtlich nicht auf Gemeinerfahrungen mit der
Pragmatik von Jahresabläufen.

Erst die moderne Zivilisation hat Minutenpünktlichkeit
alltäglich und allgemeinverbindlich werden lassen. Es handelt
sich bei diesem Vorgang nicht um einen kontingenten kulturellen Wandel massenhafter Fetischisierung der Uhr, gegen
die wir Ideale einer zeitzwangsfreien Lebensverbringung auf-
bieten sollten. Der fragliche Zeitzwang resultiert vielmehr
aus objektiven zivilisatorischen Lebensumständen, die längst
irreversibel geworden sind. Worum handelt es sich? «Modern» – damit ist hier die soziale und räumliche Expansion
unserer wechselseitigen Abhängigkeiten gemeint, die uns inzwischen zu unserem wechselseitigen Vorteil technisch und
ökonomisch, kulturell und politisch miteinander verbinden.
Die Zeit wird darüber zum aufdringlichen Medium fälliger
Handlungskoordination, und der Eisenbahnbau hat das be-

kanntlich zuerst breitenwirksam sinnfällig gemacht. Für Betrieb und Nutzung verlangt das Verkehrssystem minutiöse Agenden, nämlich Fahrpläne einerseits und ihre konsequente Beachtung bei Spediteuren oder Reisenden andererseits. Erst die Omnipräsenz von Uhren, wie sie heute jeder Tafelklässler bereits bei seiner Einschulung am Arm trägt, macht das möglich, und die Welteinheitszeit, die es erlaubte, jede Ortszeit in jede andere nach Abständen vom Null-Meridian Londons umzurechnen, besorgte schon im 19. Jahrhundert die dafür nötige temporale Globalisierung.

Sprichwörter haben bekanntlich eine hohe Alterungsresistenz. Daher sind neue Sprichwörter selten erfolgreich. Umso auffälliger ist die Verbreitung des Diktums «Wer zu spät kommt, den bestraft das Leben». Wer den Wecker überhört, schaut dem Zug hinterher. An das historisch-politische Faktum, dass der Zug der Zeit nicht nach einem ideologisch verwalteten Geschichtsfahrplan verkehrt, vielmehr plötzlich einfährt oder abfährt, hat Gorbatschow mit seinem Wort erinnert. Einzig fortdauernde Geistesgegenwart lässt uns stets pünktlich zur Stelle sein.

Eine in den frühen Jahren des später so genannten Wirtschaftswunders verbreitete Kulturkritik wollte wissen, die Zeitnutzungstugend der Pünktlichkeit habe die Menschen auf dem Weg zum Wohlstand der Hetze ausgeliefert. Die «Managerkrankheit» sei das zeittypische Leiden zum Tode, das das rhythmisierende, Zeittakt vorgebende Organ, das Herz nämlich, eines Tages definitiv in den Streik treten lasse. Das war schlechte Kulturkritik. Die Erfahrung lehrt doch: Tätige Menschen sind im Regelfall zugleich zeitorganisationsfähige Menschen, und just ihre Pünktlichkeit erlaubt es ihnen,

gelassen zu bleiben. Gehetzt hingegen ist, wer in seiner Unfähigkeit, sich rechtzeitig aufzumachen, immer wieder zu spät
kommt.

Klassisch ist der Zeitnutzungsimperativ «Carpe diem»,
und im gymnasialen Lateinunterricht wurden wir mit ihm bei
der Lektüre der *Carmina* des Horaz bekannt gemacht. Gute
Lehrer wussten auch an den antiken Sinn der Mahnung zu
erinnern, nämlich zu nehmen, was der heutige Tag bietet, um
bei der Kürze des Lebens sowie der Ungewissheit der Zukunft
nicht erwartungsverblendet die Gegenwart zu verlieren. Inzwischen kann uns «Carpe diem» auch als Leitspruch moderner Unternehmensphilosophie begegnen. Alsdann hört
man im Horaz-Zitat das neuzeitliche «Time is money» mit,
und auch das stimuliert viele Zeitgenossen zu kulturkritischen
Klagen. Zu solchen Klagen haben wir tatsächlich immer
wieder einmal Anlass. Gleichwohl bleibt der Satz «Time is
money» richtig, und er ist auch moralisch bedeutungsvoll.
Man erinnere sich zeitnutzungshistorisch an die ungeheuren
20 000 Pfund, die die britische Admiralität im 18. Jahrhundert für die Konstruktion einer Uhr auslobte, deren Präzi-
sionsgang es erlauben würde, die astronomische Zeit mit
einer Abweichung von weniger als drei Sekunden pro Tag zu
messen. «Der Teufel hat nur wenig Zeit» – an dieses Bibel-
wort scheint man sich hier erinnern zu sollen. In wohlbestimmter Hinsicht ist das sogar korrekt. Zu den teuflischen
Gefahren der christlichen Seefahrt gehörte nämlich vor der
funkmesstechnischen Standortbestimmung von Schiffen die
alte Schwierigkeit, den Meridian ihrer Position exakt zu ver-
messen. Das gelingt nur in genauer Kenntnis des Zeitpunkts
der Messung des Winkelabstands eines angepeilten Gestirns,

und Sekundenfehler haben Standortirrtümer in der Dimension von Seemeilen zur Konsequenz. Und jetzt erkennt man: Je genauer die Zeitmessung, desto geringer die Zahl der sonst nach statistischer Evidenz unvermeidlichen Strandungsunfälle. Die teuren Schiffsversicherungsprämien können billiger werden; weniger Seefahrersfrauen werden zu Witwen, und die Furcht, eine neuerliche Armada könne England bedrohen, wird kraft gesicherterer Fahrt der Flotte auch noch geringer. – Das ist die Zeitnutzungsmoral, die den Beifall des common sense für sich hat.

Pädagogen und sonstige Erzieher, deren Zuständigkeit früher definitiv mit jenem Tage endete, an welchem wir die Schule hinter uns hatten, begleiten uns mit ihren Dienstleistungen inzwischen sogar über die Pensionsgrenze hinaus lebenslänglich. Der einschlägige Zeitnutzungsimperativ lautet «Life-long-learning» und ist in allen europäischen Sprachen präsent. Dass das seine guten Gründe hat, ist nicht zu bezweifeln. Exemplarisch heißt das: Die Computerkurse für Pensionäre, wie sie unsere Volkshochschulen anbieten, sind frequentiert. Jede Universität bietet zu Fortbildungszwecken Spezialkurse für bereits Berufstätige an. Vorlesungen für Senioren gibt es außerdem, und auch an Professoren, die sich dafür als Dozenten zur Verfügung stellen, mangelt es nicht. Sogar den Versuch der Gründung einer speziellen Senioren-Universität für das anspruchsvollere Publikum eines Bades der gehobenen Klasse hat es schon gegeben, nämlich in Meran. Der Versuch ist freilich vorerst gescheitert, was uns an Grenzen der Möglichkeiten erinnern mag, das Alter zu pädagogisieren.

Schließlich sei exemplarisch ein vierter Zeitnutzungsimperativ erwähnt, nämlich die verbreitete Verpflichtung, das jeweils Neue nicht zu verpassen, nicht zurückzufallen und für Besseres aufgeschlossen zu bleiben. In der Tat: Was sollte denn die expandierenden Aufwendungen für die Forschung rechtfertigen, wenn nicht die Aussicht auf neues Wissen, das sich in neue und hilfreiche Könnerschaften umsetzt? In unserer dynamischen Zivilisation wird von der Technik bis zur Kunst die Innovation prämiert, und die Folgen für unser Verhältnis zur Zeit, die das hat, seien exemplarisch erläutert. Wenn ein Textilunternehmer – so beschreibt es eine wirtschaftshistorische Dissertation – um die Mitte des 19. Jahrhunderts seine alten Manufakturen mit den nun verfügbaren dampfgetriebenen Webereimaschinen ausstattete, so konnte er diese Maschinen stehen lassen und nutzen, bis sie nach etwa dreißig Jahren gebrauchsabhängig verschlissen waren. Hätten er oder sein Sohn es sich aber einfallen lassen, die Ersatzmaschinen der neuesten technischen Machart noch einmal über die Dauer einer ganzen Generation hinweg zu nutzen, so hätte das Unternehmen drei Lustren später schließen müssen. Inzwischen waren nämlich kraft der Dynamik des Werkzeugmaschinenbaus leistungsfähigere Produkte auf dem Markt, die es wegen ihrer Produktivitätsvorteile längst vor dem Verschleiß der älteren Maschinen zu installieren galt. Für unser modernes Verhältnis zur Zeit bedeutet das: Eine neue, zusätzliche Bedeutung des Wortes «alt» drängt sich auf – statt «alt und verschlissen» jetzt «alt und veraltet». Evolutionstheoretisch heißt das: Mit der Neuerungsrate steigt zugleich die Veraltensrate, und nie zuvor war eine Zivilisationsepoche mehr als die unsrige durch die Präsenz bereits veralteten Zivilisationsguts geprägt. Komplementär dazu expandieren die Technikmuseen, die Kunstmuseen als Schau-

häuser der Avantgarde von gestern gleichfalls, und die Halb-
wertzeit der wissenschaftlichen Literatur sinkt ab.

Was heißt es, in einer zeitnutzungskonsequent wie nie
zuvor dynamisierten und eben deswegen alterungsträchti-
gen Zivilisation alt zu sein? Das ist die Frage, die uns nun
beschäftigen soll.

2. Alter im Fortschritt

Es ist plausibel, dass sich komplementär zum skizzierten Bild
einer modernen Zeitverbringung unter Zeitnutzungsimpera-
tiven das Ideal einer von solchen Imperativen gerade freien
Zeit herausbilden musste. Die Urlaubszeit war von dieser
Vorstellung lange geprägt, und sie ist es in Resten auch heute
noch. Auf Lanzarote oder wahlweise auch auf Spiekeroog,
wo ja, salopp gesprochen, gar nichts los ist, könne man eben
deswegen «die Seele baumeln lassen» – so liest man gelegentlich im drittklassigen Reisefeuilleton. Die Wahrheit ist, dass
es guttun kann, eine kleine Weile lang nichts tun zu müssen
und sich nach den elementaren Maßgaben der Vernunft des
Leibes dem Wechsel der Tageszeiten zu überlassen. Aber
schon die Zeit eines kurzen Urlaubs ist dafür viel zu lang.
Der erfahrene Spiekeroog-Urlauber weiß das natürlich. Die
Umstände, in die versinkt, wer es weniger gut weiß, kommen
dem Urlaubspfarrer mit seinen Gottesdiensten und Andachts-
angeboten zugute. Während am 7. Sonntag nach Trinitatis,
also mitten in der Urlaubszeit, die heimischen Kirchen nahezu
leer sind, kann das kleine Inselkirchlein den Zudrang der Bet-
bereiten unter den Feriengästen gar nicht fassen. Auch die-

jenigen, die sonst seltener an Gottesdiensten teilnehmen, sind nun für Erfahrungen aufgeschlossener, die uns bitten und danken lassen.

Freie Selbstbestimmung zu sinnvollem Tun prägt zu wachsenden Anteilen die Alterszeit. Man vergegenwärtige sich: Der Anteil der Berufsarbeitszeit an der Lebenszeit ist in der Geschichte der modernen Industriegesellschaft in den hoch entwickelten Ländern durchschnittlich um die Hälfte abgesunken – von ungefähr siebzehn oder achtzehn Prozent auf etwa acht Prozent. Das hat mannigfache Gründe – vom Anstieg der Lebenserwartung, die sich in den zweihundert Jahren der neueren Industriegesellschaft verdoppelt hat und bekanntlich auch derzeit immer noch zunimmt, bis hin zur Verlängerung der Schul- und Ausbildungszeiten, die zwar tätig, aber doch nicht mit Erwerbsarbeit verbracht werden. Man erinnere sich auch an die Jahre großzügig gehandhabter vorzeitiger Pensionierung und an die Praxis der Frühverrentung, die die Arbeitslosenstatistik schönen sollte, aber auch dem kulturell zeitweise herrschend gewesenen Ideal entsprach, die beste Zeit des Lebens sei die nutzungspflichtfreie Zeit. So oder so: Inzwischen hat die demographische Entwicklung, die die Jungen mit rasch wachsenden Lasten zur Finanzierung der Renten und Pensionen der Alten bedrängt, die Wege des vorzeitigen Rückzugs aus dem Arbeitsleben verlegt. Nichtsdestoweniger haben wir heute Aussicht, im sozialstatistischen Durchschnitt ein Viertel unserer Lebenszeit als Ruheständler zu verbringen. Nie zuvor gab es das, und die Konsequenz, die sich lebenspraktisch daraus ergibt, lässt sich folgendermaßen zusammenfassen: Historisch beispiellos weit dehnen sich heute, zumal im Alter, die Lebenszeitanteile, in denen nichts geschähe, wenn es nicht selbstbestimmt geschähe.

Es hat seine bezwingende Evidenz, dass die Alterslebenszeit in ihrer heute gegebenen Dimension sich nicht urlaubsanalog verleben ließe, und wo man es unerzogen, gar missberaten dennoch versuchte, müsste die Alterszeit allein schon deswegen zu einer Zeit des selbstverschuldeten Unglücklichseins werden. Das ist glücklicherweise gemeinhin bekannt, und in der üblich gewordenen frohen Bekundung, statt in den Ruhestand sei man in den Unruhestand geraten, spiegelt sich das. Geschmackssicher ist diese Bekundung sicherlich nicht. Unruhe macht nicht froh gestimmt, wohl aber Tätigkeit, an deren Sinn sich nicht zweifeln lässt. Glück ist ja nach alter, aber nicht veralteter, also klassischer Lehre antiken Ursprungs eine Nebenfolge sinnerfüllten Tuns, insbesondere wenn dieses Tun unsere Kräfte fordert – physisch, psychisch und moralisch, ohne uns fortdauernd zu überfordern. Im kleinen Exempel gesagt: Einen Anhauch des Glücks verspüren wir im Blick aufs getane Werk, wenn wir uns den Schweiß von der Stirn wischen – vorm winterfest gemachten Rosenbeet, nach erledigter nötiger, aber lästiger Post, im Applaus für den wohlgeratenen Rechenschaftsbericht, den man als Präsident eines gymnasialen Alumnenvereins statutengemäß zu erstatten hatte. Der optimale und zugleich häufige Fall tätiger Altersverbringung ist die Fortsetzung der Tätigkeit in Anknüpfung an die Arbeit, die einem auch schon berufspraktisch Freude gemacht hatte. In vielen akademischen Tätigkeiten ist das möglich und in der Forschung zumal, soweit sie nicht betriebsförmig an große Institute gebunden ist. In nicht erfundenen Beispielen heißt das: Der berühmte Professor für Mathematik, der die altersabhängig nachlassende mathematische Kreativität richtig einzuschätzen weiß, fügt seinem Wissenschaftlerleben mathematikhistorische Arbeiten hinzu. Der Feuerwehrexperte für den Rettungsleitereinsatz übernimmt den Vorsitz in der Seniorenabteilung. Die Arztwitwe, die als ehemalige medizinisch-technische Assistentin mit dem Spitalswesen vertraut ist, reorganisiert die vernachlässigte Bibliothek des Kreiskrankenhauses. Und so in allem. Die schon erwähnten Organisationsformen unterschiedlichster Seniorenaktivitäten passen dazu.

Es hat seine unabwendbaren biologischen Gründe, dass Gesundheit und Krankheit uns im Alter häufiger und überdies auch häufiger anhaltend zu beschäftigen haben. Weit über die Fälle hinaus, in denen wir uns dabei auf medizinische und pharmazeutische Hilfen angewiesen wissen, wird in unserer lang gewordenen Alterszeit der Beitrag, den wir selbst zur Erhaltung und Festigung unserer Gesundheit leisten können, zum Lebensthema. Was für ein Beitrag ist das? Auf diese Frage lässt sich tatsächlich eine Antwort geben, die nicht die Spezialität von Einzelfällen und Expertenzuständigkeiten betrifft, vielmehr Sache der Lebensführungskunst ist. In jedem der zahllosen einschlägigen Hausbücher, die dazu heute verfügbar sind, findet sie sich, in den Gesundheitssendungen der Massenmedien wird sie verbreitet, und auch in den Printmedien wird sie beharrlich wiederholt. Die großen Tageszeitungen, so weiß man, haben heute Schwierigkeiten, sich zu behaupten. Komplementär dazu steigt der Absatz etlicher Gratisblätter, und als eine der weltweit erfolgreichsten Gratisdrucksachen darf die Zeitschrift gelten, die heute in Deutschland vierzehntägig dem Apothekenkunden in die

Hand gedrückt wird. Das ist kein Fachblatt, vielmehr eine Informationsdienstleistung zu Händen der Laien, und nach meinem Laienurteil ist die Qualität dieser Dienstleistung erstklassig. Der Leser wird nicht zu pseudomedizinischen Urteilen verleitet, vielmehr sicher bei seinen subjektiven Befindlichkeiten abgeholt und zu besserer Wahrnehmung dieser Befindlichkeiten angeleitet. Und überdies wird wirksam für eine gesundheitserhaltungsdienliche Lebensregel geworben, die allen Gesunden und vielen Rekonvaleszenten zugänglich ist. Die Regel lautet: Seid mäßig und bewegt euch. Neu ist das nicht, vielmehr ein Erbstück antiker Moralistik, deren Relevanz ineins mit unserer expandierenden Alterslebenszeit zunimmt.

Alterszeitnutzung verlangt uns mehr noch als die Nutzung der Zeit in jüngeren Lebensjahren Fähigkeiten der Selbstbestimmung ab, und diese Fähigkeiten sind ungleich verteilt. Möglichkeiten, insoweit für Ausgleich zu sorgen, sind gegeben. Aber die Grenzen guter Absichten, unsere Fähigkeiten zu selbstbestimmter Zeitnutzung zu fördern, sind im Alter noch enger als in der Jugend gezogen. Alt existieren wir ja wie nie zuvor gewohnheitsfixiert. «Überidentität» nannte der Soziologe Helmut Schelsky das altersspezifische Persönlichkeitsprofil – ein Fachwortäquivalent für «Altersstarre». Kurz: Fähigkeiten der Selbstbestimmung, die man nicht schon früher erworben hätte, lassen sich im Alter noch schwerer als in jüngeren Jahren erlernen. Eben aus diesem Grund blüht unter Senioren wie nie zuvor die Kultur moderner Alterslebenswelten.

Überforderungen durch die Freiheiten der Alterszeit gibt es aber auch noch – ganz abgesehen von Pathologien, für die in extremen Fällen die Alterspsychiatrie zuständig ist. Vergegenwärtigen wir uns diesen Befund literaturgeschichtlich. Es ist kein Zufall, dass Erfahrungen der Langeweile im Kontext moderner Lebenskultur an Aufdringlichkeit gewonnen haben. Ganze Philosophien sind in der bürgerlichen Epoche der zähen Zeit gewidmet, die, untätig verbracht, nicht vergehen will – die Philosophie Schopenhauers vor allem, und Oblomow ist der traurige Held, dessen Langeweile Gontscharow uns beschrieben hat. Endlos möchte Oblomow endlich tätig werden und kommt doch übers Bleistiftanspitzen nicht hinaus. Das Gegenbild haben wir aus Schillers Briefen zur ästhetischen Erziehung in Erinnerung – den Tatkräftigen nämlich, der in der Selbstgewissheit seiner Könnerschaft zunächst noch untätig verharrt und tags darauf dann mit einem großen neuen Werk den Anfang macht. – Auf das Thema der Langeweile ist später noch einmal zurückzukommen, nämlich um zu erklären, wieso die Zeit, die in der Befindlichkeit der Langeweile gegenwärtig sich dehnt, im Rückblick umso schneller verflogen zu sein scheint.

Glücksträchtig sei sinnvolle Tätigkeit in Nutzung unserer erlernten oder auch verbliebenen Fähigkeiten – so lautet also die klassische Lehre. Sinnfindungsprobleme werden in freier Zeit aufdringlicher, und für das Alter gilt das zumal. Im abermals nicht erfundenen Beispiel heißt das: Tätig war jene Alte gewiss, deren Wohnung man nach ihrem Tode mit Quiltkunstwerken ohne Zahl und ohne alle Absatzchancen angefüllt fand. Um eine sinnvolle Tätigkeit handelte es sich dabei allein schon wegen ihrer Maßlosigkeit ersichtlich nicht. Ein gutes Kriterium für die Unterscheidung zwischen sinnvollem und weniger sinnvollem Tun sind Anforderungen Dritter, deren Zustimmung und schließlich Beifall. Allein schon aus diesem Grund ist Vereinsamung, die man mit Alleinsein nicht verwechseln darf, einer der ärgsten Feinde lebensglücksträchtiger Alterszeitverbringung.

An dieser Stelle ist vom modernitätsspezifischen Verhältnis der Generationen zueinander zu reden. Problemlos war das Verhältnis der Generationen nie. Aber die intergenerativen Zeitverhältnisse haben sich drastisch verändert. Man sieht das vor dem Hintergrund eines archaischen Generationenkonflikts, wie er im achten Kapitel des Lukas-Evangeliums erzählt wird. Es handelt sich um die Geschichte vom verlorenen Sohn, der sich gegen den väterlichen Rat das Erbe auszahlen lässt und es, nicht überraschend, verprasst. Ins Elend gesunken, kehrt er heim, der Vater freut sich, und der daheim gebliebene Bruder, der sich an den väterlichen Rat gehalten hatte, ärgert sich, dass zur Heimkehr des Tunichtgut ein Kalb geschlachtet werden soll. Die Lehre des Evangelisten ist, dass dieser Ärger nicht recht sei und jede wirkliche Heimkehr ein Grund zum Dank und zur Freude. Modern gelesen, lässt sich der Geschichte vom verlorenen Sohn auch ein zusätzlicher Sinn abgewinnen: In stabilen Lebensverhältnissen ist der erfahrungsgesättigte väterliche Rat alterungsresistent. Eben das gilt in einer dynamisierten Zivilisation nur noch in eingeschränkter Hinsicht. Inzwischen ändern sich unsere Lebensverhältnisse in wesentlichen Hinsichten mit einer Dynamik, die die zwei, drei, gar vier Generationen, die in einer Familie miteinander verbunden sind, im Verhältnis zueinander historisch werden lässt. Es bedarf der Veranschaulichung dieses Vorgangs nicht – vom Umgang mit den kommunikationstechnischen Innovationen bis zu den sich ändernden Formen der Familiengründung und vom Erfordernis, als Frau nicht nur ehefähig, vielmehr ebenso auch berufsfähig zu werden.

Das ist es, was – wiederum literarisch gespiegelt – neue Formen von Generationenkonflikten literaturpflichtig gemacht hat. Dafür steht Turgenjews Generationenroman *Väter und Söhne*, und hier sind es die Söhne, die in wohlbestimmter Hinsicht gegenüber den Vätern den Erfordernissen der Zeit zu entsprechen wissen. Für Alte und Junge bringt das Schwierigkeiten mit sich. Die Alten fallen rascher aus den Aktualitäten heraus, und die Jungen, die sich ratlos in die Aktualitäten hineinzuarbeiten haben, leben riskanter. «Ich verstehe die Welt nicht mehr!» – das wäre auch für diese Lage ein passendes Alterswort.

Zusammenfassend gesagt: In einer rasch sich ändernden Welt werden die intergenerativen Beziehungen spannungsreicher. Familienstrukturen lösen sich darüber keineswegs auf. Aber sie ändern sich. Das Zusammenleben von Alten und Jungen unter einem Dach wird seltener – nicht nur wegen der sich verlängernden Alterslebenszeit, vielmehr vor allem wegen der wachsenden Unvereinbarkeit moderner Berufstätigkeiten mit Alltagszuständigkeiten für Altenteillebenswelten. Kurz: Alte und Junge leben und wohnen heute wie nie zuvor getrennt, und wesentliche Teile der Alterslebenshilfen werden professionalisiert. Kulturkritische Kommentare zu diesem Bestand sind wohlfeil, und dennoch zielt auch hier die Kulturkritik oft daneben. Die Familie zerfällt keineswegs. Sogar großfamiliäre Bindungen erneuern sich, gestützt durch die Mühelosigkeiten moderner technischer Kommunikation, und der Reisekomfort erleichtert wie nie zuvor Familienfeste.

Familienleben ist heute wie nie zuvor photographisch illustriert, digitalisiert sogar, und in Nutzung der Verbalisierungskompetenzen, die uns über dramatisch verlängerte Schulzeiten zugewachsen sind, sind heute auch Familienhistoriographien wie nie zuvor verbreitet – geschrieben von Alten am Schreibtisch ihrer Seniorenresidenzen.

Das war ein Blick in wohlvertraute Alterslebenswelten mit ihren modernisierungsabhängig veränderten Zeitstrukturen. Auf die damit verbundenen existenziellen Herausforderungen wissen, nach Ausweis zeitbegünstigter moderner Seniorenkultur, vor allem diejenigen Alten produktiv zu antworten, die sich noch in jenem Alter befinden, das unsere Gerontologen das «junge Alter» nennen. Es dauert im Sinne eines groben Anhalts vom Pensionierungsalter bis an die Schwelle zum Eintritt in das neunte Lebensjahrzehnt. Danach haben wir es mit dem sogenannten «alten Alter» zu tun, das ich im Folgenden einzig durch eine altersspezifische Zeiterfahrung charakterisieren möchte.

3. Schnell vergängliche Alterszeit

Dass die Zeit subjektiv alterungsabhängig rascher vergeht, wird nicht erst im Alter erfahren. Aber im hohen Alter gewinnt diese Erfahrung an Aufdringlichkeit. Man vergegenwärtige sich das am vertrauten Beispiel des Zeitkommentars anlässlich eines neuerlichen Klassentreffens, zu dem sich die Senioren nach jüngst vergangenen weiteren zwei Jahren versammelt haben. Noch schneller als die vorvergangenen zwei Jahre seien diese Jahre vergangen – so heißt es dann. Die

Klage über die Vergänglichkeit der Zeit ist bekanntlich alt. Aber sie ist überdies altersspezifisch, und für das Erstaunen, dass sich das Vergehen der Zeit im Alter sogar noch zu beschleunigen scheint, gilt das erst recht. Was ist der Grund für diese Erfahrung, deren subjektiver Charakter vor dem irritationslosen Gleichmaß im Ablauf der omnipräsenten Uhrzeit an Aufdringlichkeit noch gewinnt? Es ist nützlich, sich zur Beantwortung dieser Frage zunächst an eine Gemeinerfahrung mit Wegzeiten zu erinnern. Wege, die wir zu einem gegebenen Ziel zum ersten Mal passieren, ziehen sich in die Länge, nämlich zeitlich. Durcheilen wir sie als altvertraute Wege zum zahllos wiederholten Mal, so ist die Wegzeit zusammengeschrumpft, und es lässt sich genau sagen, wieso das so ist. Es beruht auf dem Faktum, dass der noch unbekannte Weg unsere Erwartungen ins Unbestimmte hinaus sich ausdehnen lässt, während der wohlvertraute Weg uns im Anblick des schönen Friedhofs, hinter dessen markanten Lebensbäumen wir wohnen, aufatmen lässt: «Ah, da ist er ja schon!»

Auf den Lebensweg übertragen heißt das: Seine Überraschungsträchtigkeit nimmt gegen sein Ende hin ab. Große Änderungen sind nicht mehr in Aussicht. Die noch unbekannten Möglichkeiten, die man in jungen Jahren vor sich hatte, sind gleichsam konsumiert. Man hatte schließlich diesen Lebenspartner gewonnen und keinen anderen, und unbeschadet der größeren Freiheiten modernen Lebens, den Partner zu wechseln, wäre doch im alten Alter ein solcher Wechsel altersinadäquat, und entsprechend würden Familie, Nachbarschaft und alte Kollegen das kommentieren. Definitiv alternativlos ist bis in gesetzliche Alimentierungspflichten und unabwendbare Erbschaftsansprüche hinein das Faktum, diese Kinder statt keine oder andere zu haben. Wer sich spätestens im jungen Alter kein Haus gebaut hat, baut sich im alten Alter keines mehr. Hätte man sich aus dem Präsidium des Seniorenverbands nicht ohnehin längst verabschiedet, würde man inzwischen darum gebeten worden sein, was man zu seinem Vorteil rechtzeitig vermieden hat.

Ist es nötig, mit solchen Vergegenwärtigungen der alten Alterszeit als einer Zeit unpassender Neugier auf das, was nun wohl noch kommt, fortzufahren? Die Prätention, sich noch einmal für ein neues, ganz anderes Leben zu entscheiden, gälte als Altersnarrheit und erschiene, soweit sie nicht pathologisch wäre, als lächerlich. Bekömmlichkeiten und Unbekömmlichkeiten, die uns ins Wohlbefinden leiten, sind ausgeprägt. Die Erinnerung an lebenstragende Freundschaften mit längst Verstorbenen sind oft wichtiger als neue Freunde. Die Fülle des Neuen, weil ohnehin nach Kräften und Zeit nicht mehr lebbar, verliert ihre Attraktion, und wer gern gelesen hat, liest jetzt umso lieber, was sich mit Gewinn wiederholt lesen lässt. Für den Umgang mit der Musik gilt Ähnliches. Generell wird wichtiger, was unbeschadet seines Alters nicht veraltet. Wir kennen ja diese Zeitstruktur bereits als die spezifisch moderne temporale Struktur dessen, was wir das Klassische nennen. Zusammengefasst heißt das: Die Zeit des alten Alters vergeht rascher, weil die Menge der Lebensperipetien, auf die wir uns noch einzustellen hätten, abnimmt. Fast alles ist schon getan, und was an Fälligkeiten verbleibt, geht uns langsamer von der Hand, was dann auch objektiv die disponible Zeit schrumpfen lässt.

Es wäre falsch, in solchen Sätzen einen Ton der Resignation vernehmen zu wollen. Resignation setzte voraus, dass alles auch ganz anders ginge. Ein Coaching in der Absicht, noch einmal mit einem ganz anderen Leben den Anfang zu machen, wäre schlechterdings lebenssinnwidrig. Zu leben heißt, es schließlich hinter sich zu haben und den Tod vor sich. Das ist nun freilich ein Satz, den man in der gerontologischen Literatur kaum finden wird. Aber das ist lediglich deswegen so, weil diese Literatur mit ihren Ermunterungen, Anleitungen und Einladungen sich ja zumeist an das junge Alter wendet, während dieselben Ermunterungen, Anleitungen und Einladungen jenseits ungewisser Zeitpunkte im alten Alter schließlich belästigend wirken müssten.

Dazu passt die Alterslebenserfahrung, dass im Fall des gesunden hohen Alters, der ja nicht selten ist, mit der temporalen Nähe des Todes die Erfahrung seiner Bedrohlichkeit keineswegs zunimmt. Er schließt in seiner Zugehörigkeit zum Leben das Leben ab, und der Lebenssinn dieses Abschlusses bringt sich im Unsinn des Gedankens zur Evidenz, sich das Leben, wie wir es hienieden tatsächlich leben konnten, als ewiges Leben zu denken. Dieser Gedanke ist nicht wegen der Schrecken des Lebens unsinnig, sondern wegen der Unlebbarkeit eines irdischen Lebens über sein Vollbrachtsein hinaus. So weiß es auch ein russisches Märchen, in welchem Gott dem zudringlichen Wunsch eines Alten nachgibt, er möchte ewig leben, hienieden eben. Es kommt wie es kommen muss. Nur wenige Jahrzehnte über das übliche alte Alter hinaus wird das dem Alten unerträglich. Er widerruft seinen Wunsch und bittet, endlich sterben zu dürfen. Gott begnadigt ihn zu fünfhundert Jahren Leben, die er in einer Höhle verbringt – bekehrt zu der Weisheit, dass der Tod dieser uns einzig bekannten Welt zugehört.

Ikonographisch ist uns der Tod, der das Leben nicht abbricht, vielmehr beschließt, als guter Tod vertraut – vom Tod als Freund der Nazarener bis zu den vielen Simeon-Bildern. Gegenbilder gibt es selbstverständlich auch noch – besonders eindrucksvoll in der Ikonographie eines spezifischen Alterslasters, des Geizes nämlich. Der Geiz – das ist der Greis, der sichtlich das Leben hinter sich hat und sich zu seiner einzig verbliebenen Freude am Anblick seines Geldschatzes weidet. Geld – das ist, metallisch, papieren oder als virtueller Schatz, der in Kontoziffern präsent ist, nicht Lebenswirklichkeit, vielmehr als pures Tauschmittel ein Medium unbestimmter Möglichkeiten einiger Zugänge zur Wirklichkeit. Schwelgen im Anblick von Möglichkeiten, die man als noch lebbare Wirklichkeiten längst hinter sich hat – das ist hier die Wirklichkeit einer Alterszeit in ihrer unerfreulichen Leere. Die Lebensfreude des Alters ist demgegenüber die Freude erfüllter Zeit. Sie wird im Lebensrückblick vergegenwärtigt, der evident macht, dass nichts für das eigene Leben und für die eigenen Lebensbeziehungen wirklich Wichtiges und Dringliches noch zu tun bleibt. Wilhelm Raabe nannte das die schöne Erfahrung, «nicht mehr nötig zu sein». Gewiss: Wer hätte nicht vieles versäumt? Das will anerkannt, aber doch, sagen wir: im zehnten Lebensjahrzehnt, nicht mehr nachgeholt sein. Die Erfahrbarkeit des Lebensglücks ist darüber auch im hohen Alter nicht reduziert. «So schönes Wetter heute, und ich noch dabei!» – wer das sagen kann, freut sich doch schon, meinte Wilhelm Raabe.

So weit der Versuch, plausibel zu machen, wieso die zum alten Alter gehörende Nähe des Todes, statt das Lebenseinverständnis zu trüben, zum Teil dieses Einverständnisses wird. Den guten Tod gibt es also, und im Zeitalter rasch expandierender Alterslebenszeit wird er sogar öfter als früher erfahren. Öfter und aufdringlicher als früher wird eben damit auch der vorzeitige Tod erfahren – jede Unfallmeldung lehrt es, und die höchst verschiedenen Lebensgeschichten im Kreise unserer Familien und Freunde tun es ohnehin. Kulturgeschichtlich und existenziell bedeutet das: Die Ungleichheit unserer Schicksale im Leben und Sterben nimmt zu. Der Tod, gewiss, macht uns alle gleich, und sub specie aeternitatis ist der Unterschied von früher und später auch keiner mehr. Aber mit der Fülle moderner Lebensmöglichkeiten haben wir häufiger Anlass, den Unterschied zu beklagen, den es macht, früher oder später und unter diesen oder jenen Umständen zu sterben. Zugleich lässt sich auf diese Erfahrung von Ungleichheit, deren Aufdringlichkeit in egalitär verfassten Gesellschaften überall zunimmt, nicht sinnvoll mit sozialkritischen Egalisierungsprogrammen reagieren. Wir haben vielmehr zusätzliche Gründe, über Unverfügbarkeiten zu klagen. Aber anklagen lässt sich niemand, und auch das bringt zur Evidenz, wieso just in modernen und damit auch säkularisierten Kulturen Lebenserfahrungen an Intensität gewinnen, auf die sich rational weder moralisch noch politisch, vielmehr einzig religiös antworten lässt.

Aber auch einen säkularen Ausgleich für den Unterschied zwischen kurzer und langer Lebenszeit gibt es noch, und davon soll abschließend die Rede sein. Wir erinnern uns an das Thema der Langeweile, die die Zeit gegenwärtig zähflüssig vergehen, die Vergangenheit aber im Rückblick verflogen sein lässt. Genau komplementär dazu ist die tätig verbrachte Gegenwart eine Zeit, von der wir gar nicht genug haben könnten, und im Rückblick wird eben das als Fülle der Zeit erfahren. Man kann auch sagen: Die subjektive Länge der Lebenszeit spiegelt sich in der Länge der Erzählzeit, die wir bräuchten, um die Fülle des Getanen und Geschehenen zu vergegenwärtigen. Kulturell ist uns dieser Effekt, der das tätige Leben als erfülltes erleben lässt, durch den verbreiteten Topos der Frühvollendung vertraut, die sich im Kontrast der wenigen Lebensjahre und der unerklärlich langen Liste bedeutender Werke manifestiert. Der Wunsch, eben in solchen Fällen hätte das Leben doch, um uns Hinterbliebene mit zusätzlichen Werken zu erfreuen, einige Jahre länger dauern sollen, erschiene als Undankbarkeit. Auch für schlichtere Lebensverhältnisse gilt das, und die Wirklichkeit ganz anderer Lebensumstände, die uns wegen ihrer Trostlosigkeit stattdessen klagen ließen, ist dabei nicht übersehen.

Willibald Sauerländer

Das Verschwinden des Alters

Indem ich mich der ungewohnten Herausforderung stelle, mich über selbstbestimmtes Älterwerden zu äußern, verirre ich mich auf unvertrautes und unheimliches Gelände. Die Frage nach der menschenwürdigen Bewältigung des Alters ist, wird sie jenseits der Medizin, der Ökonomie und der Gesellschaftspolitik, also der bloßen Praxis, gestellt, eine Frage der Philosophie, der Ethik, also von Disziplinen, die über das richtige Leben, die rechte Lebensweise nachsinnen. Exemplarisch hat sich bekanntlich die antike, vorchristliche Philosophie in moralisierenden Schriften wie Ciceros *De senectute* oder Senecas *De brevitate vitae* mit der Würde des Alters befasst, denen heute nur noch historisches oder literarisches Interesse gilt. Nun bin ich selbst aber als professioneller akademischer Kunsthistoriker ein geistiges Kind des Historismus, und zur wendigen Altklugheit des Historismus gehört, dass er die historischen Erscheinungen und die Verhaltensweisen der Menschen in der Vergangenheit erklärend verstehen und miteinander vergleichen will, aber eben nicht kraft eigener ethischer Überzeugungen beurteilen möchte. Der Historismus hat das alte, moralisierende *historia docet* oder *historia ma-*

gistra vitae, das wir noch im 18. Jahrhundert aus dem Mund der Aufklärer vernehmen, aus dem Mittel getan, seiner ethischen Potenz beraubt und das wertneutrale Verstehen an dessen Stelle gesetzt. In der herausfordernden Frage nach dem «selbstbestimmten Älterwerden» aber bricht ein ethisches Postulat auf, wird das Nachsinnen über das richtige Leben wieder gefordert. Und so finde ich mich als Historiker, als Kunsthistoriker, auf wesenhaft fremdes – buchstäblich unkomfortables – Terrain versetzt. Dort geht es nicht mehr um das kuschelige Verstehen, sondern um die Reflexion über das Altern unter den sybaritischen Bedingungen der aktuellen Wohlstandsgesellschaften.

Natürlich hat die praktische und ethische Frage nach dem gesellschaftlichen, ökonomischen und barmherzigen Umgang mit dem Alter auch die älteren Gesellschaften schon beschäftigt, wie etwa quer durch Europa die Heiliggeistspitäler in den Städten, die Austragsstüberl neben den Bauernhäusern noch bezeugen, welche die übrig gebliebenen architektonischen Hülsen einer vergangenen Altersfürsorge und Altersabschiebung sind. Aber an der Schwelle des 21. Jahrhunderts wird in den lebenstechnisch hoch trainierten und materiell abgefederten westlichen Gesellschaften das Alter sehr anders erfahren und wahrgenommen als in allen früheren Zeiten. Sicher ist diese Behauptung eine pauschalisierende Übertreibung, aber dass sie grosso modo zutreffend ist, wird wohl niemand leugnen können.

Fragt man nach den Ursachen oder den verschiedenen Aspekten dieser veränderten Wahrnehmung und Erfahrung des Alters und des Älterwerdens, wäre es eine statistische Verkürzung, wenn man monokausal auf die durch gesündere Le-

bensweise und die rapiden Fortschritte der Medizin erhöhte Lebenserwartung, die längere Lebenszeit der Menschen verwiese. Vielmehr ist über diesen unbestreitbaren, statistischen Befund hinaus zu fragen, unter welchen ökonomischen, politischen und mentalen Bedingungen dieses immer weiter fortschreitende Älterwerden vieler Menschen in den Wohlstandsgesellschaften praktisch und ethisch verarbeitet und modelliert wird. Dabei ist zunächst an die fundamentale Tatsache zu erinnern, dass mindestens in Europa, und besonders sichtbar in Deutschland, die religiöse Vorstellung von einem zweiten, spirituellen Leben nach dem irdischen Dasein ihre transzendentale Verheißung und das Dasein illuminierende Leuchtkraft eingebüßt hat. Vom Weltenende, vor allem aber vom Jüngsten Gericht, von Auferstehung und Fegefeuer, von Himmel und Hölle ist, wenn ich das richtig wahrnehme, heute bis in die kirchliche Verkündigung hinein kaum mehr die Rede. Wir erleben unser Dasein als ausschließlich und radikal diesseitig. Von der Geburt bis zu seinem Ende wird das Leben verbraucht und abgearbeitet, genossen und – *venia sit* F
verbo – konsumiert. Unter solchen Bedingungen ist das Alter nicht mehr die Pforte zu einem zweiten, erlösten Leben – richtiger: die Zeit der Vorbereitung darauf, etwa im Sinne einer *ars moriendi* –, sondern nur der letzte Abschnitt eines diesseitigen, auf irdische Bewältigung und irdischen Genuss eingeschränkten Daseins. Natürlich ist auch eine solche Behauptung eine Übertreibung, eine «terrible simplification» angesichts der komplizierten sozialen und mentalen Befindlichkeiten in einer metaphysisch opak gewordenen Gesellschaft. Aber unbestreitbar bleibt, dass die durch hygienische und gesunde Lebensweise und die Effizienz der Medizin er- x)

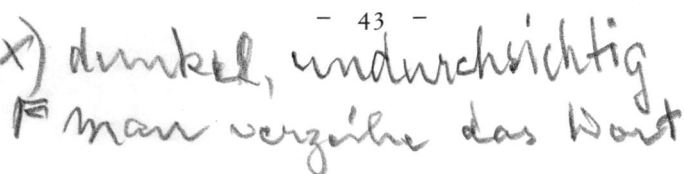

x) dunkel, undurchsichtig
F man verzeihe das Wort

wirkte Verlängerung unserer Lebenszeit und die totale Verdiesseitigung unserer Daseinswahrnehmung zwei Seiten eines einerseits hedonistischen, andererseits amputierenden Prozesses sind. Wir haben die Seuchen weitgehend verscheucht, die Altersgebrechen gemindert und gemildert und haben im gleichen Zuge die Geister, den Glauben an das Überwirkliche und Überirdische aus unserem Vorstellungsvermögen sekretiert. Damit aber ist unser Alter früheren Zeiten gegenüber nicht nur länger, sondern vor allem anders geworden. Man könnte von einer Entmythologisierung und Entzauberung des Alters sprechen.

Welche praktischen, sozialen und finanziellen Konsequenzen die physische und seelische Versorgung und Betreuung der immer zahlreicheren immer älter Werdenden zur Folge hat, brauche ich an dieser Stelle und vor diesem Auditorium nicht zu erörtern. Von Pflegeheimen bis zu Seniorenstudien, von den Reisen auf Traumschiffen bis zu den späten sinnlichen Freuden an fernen Stränden unter südlicher oder asiatischer Sonne reichen die Unterhaltungs- und Beschäftigungsangebote an die neuen vielen Alten. Die Leistungen, die dafür vom Staat, von der Gesellschaft, von Hilfsorganisationen, von Familien und Mitmenschen erbracht werden, sind allbekannt und Gegenstand eines lebhaften, auch kontroversen öffentlichen Diskurses. Diese Versorgung und Betreuung der Alten verdankt sich vielfach karitativer Aktivität, und man mag sagen, sie stehe damit in einer alten christlichen und zivilen Tradition. Aber ebenso ist an der Unterhaltung der neuen Alten die *cupiditas* beteiligt. Die Alten werden zu Objekten einer mit ihren rejuvenierenden Sehnsüchten und Wünschen rechnenden Geschäftsgier und ökonomischen Ausbeutung. Von den Ranches in Santa Barbara oder Miami Beach bis zu den schon einmal genannten Traumschiffen und den Wellness-Zentren gibt es eine ganze Altersunterhaltungsindustrie, die den Betagten noch einmal jugendliches Glück verheißt und daran gut verdient. Die neuen Alten als Business. Das ist der signifikanteste, aber auch erschreckendste Befund der veränderten Wahrnehmung und Praxis des Alterns in der auf einen radikal diesseitigen Horizont zurückgeworfenen Gesellschaft.

Nun bin ich weder Soziologe noch Arzt, noch Reise- oder Kulturmanager, und so kann es nicht meine Aufgabe sein und entspricht nicht meiner Kompetenz, mich auf diese Probleme einzulassen. Ein solcher Versuch müsste die Leser zu Recht als unseriös berühren. Als jemand, der gewohnt ist, über Bilder nachzudenken, möchte ich mich stattdessen der veränderten sozialen Physiognomie des Alters in der verdiesseitigten Konsumgesellschaft zuwenden, womit ich mich allerdings auf das verführerische Terrain der visuellen Charakterkunde wage. Die Formel vom *puer senex*, vom Knaben als Greis, ist heute nur noch wenigen Studierten geläufig. Sie lässt sich allerdings auch umdrehen in *senex puer*, der Greis als Knabe. Daher habe ich als Überschrift für meinen Essay «Das Verschwinden des Alters» gewählt. Die Alten beginnen in unserer Gesellschaft eine neue Rolle zu spielen, die sich von der in früheren Zeiten radikal unterscheidet. Das kann die Bildgeschichte deutlich machen,.

Die Vorstellung vom Knaben, der so weise ist wie ein Greis, altersklug, ohne schon weißhaarig zu sein, geht ins Altertum zurück und ist über die *Vita des hl. Benedikt* von Papst Gregor dem Großen in die christliche Tradition eingedrungen. Aber auch die umgekehrte Vorstellung vom *senex puer*, vom Greis, der zwar alt, aber immer noch jugendlich ist, findet sich schon bei den Alten. In Ciceros Schrift *De senectute* heißt es in der Rühmung der Alterstüchtigkeit des hochbetagten und blinden Claudius Appius: «So lobe ich mir einen Greis, an dem etwas Jugendliches ist.» Die philosophische, moralische, literarische und künstlerische Wahrnehmung des Alters hatte nie nur das physiologische Faktum der Gebrechlichkeit im Auge, sondern war immer durch Wunschbilder und gesellschaftliche Projektionen bestimmt. Das Alter wurde bewundert, bemitleidet, aber oft auch verspottet und gehasst. In der aktuellen Wahrnehmung des Alters hat die Vorstellung vom *senex puer*, von der Jugendlichkeit des Alters, eine ganz neue Aktualität gewonnen. Jugendlichkeit des Alters, physische, geistige, sportliche und erotische Jugendlichkeit ist nicht länger nur ein utopisches Wunschbild, sondern ein erreichbarer letzter Glückszustand des diesseitig gewordenen Daseins. Das Alter hat eine neue Physiognomie, die Physiognomie der bewahrten Fitness und Wellness. Soweit ich das als kursorischer Leser registrieren kann, ist das schöne deutsche Wort «Greis» aus der Alltags- wie der Literatursprache so gut wie verschwunden. Niemand möchte mehr eine Greisin oder ein Greis sein. Das neue gesellschaftliche Wunschbild ist die Jugendlichkeit des *senex puer* oder der betagten *puella*.

Nun habe ich mir überlegt, was ich als Bildhistoriker zu dem Thema «Glück und Unglück des Alters» beitragen könnte. Leicht war diese Überlegung nicht, denn wie eingangs erinnert, geht die Kunstgeschichte ästhetischen oder historischen, nicht aber ethischen oder lebenspraktischen Fragen nach. Aber vielleicht kann es erhellend sein, wenn ich über einige Bilder vom Alter in der Kunst vergangener Zeit und der Zeit bis in unsere Tage hinein schreibe, und zwar nicht, um mich vor der Herausforderung meines Themas in die Historie und die tote Gelehrsamkeit zu flüchten, sondern indem ich diese vergangenen, chronologisch längst abgehängten Bilder als Spiegel für die wechselnden Vorstellungen und sozialen Verarbeitungen des Alters lese und so eine Kontrastfolie für die gegenwärtige Wahrnehmung und Praxis des Immer-älter-Werdens in einer jenseitslosen Gesellschaft auslege.

Die Einteilung des menschlichen Lebens in drei, vier, fünf oder zehn Altersstufen, am häufigsten aber in sechs oder sieben – *infantia* (Kindheit), *pueritia* (Knabenalter), *adolescentia* (Jünglingsalter), *iuventus* (reife Jugend), *gravitas* (höchste Kraft) und dann *senectus* (Greisenalter) –, ist im vorchristlichen griechischen und römischen Altertum zwischen philosophischer Spekulation und dem prosaischen Bedürfnis staatsbürgerlicher Praxis – wie Mündigkeitsalter, Alter für den Eintritt in bestimmte Ämter oder den Abschied von ihnen – in vielen Varianten entwickelt worden und hat in der europäischen Tradition lange überdauert, in der Folklore noch bis in das 19. Jahrhundert. Unter den Philosophen hat noch Schopenhauer eine sehr bittere, der Möglichkeit dauerhaften irdischen Glücks misstrauende Abhandlung *Vom Unterschied der Lebensalter* verfasst, welche an diese Tradition anknüpft. Schon im ausgehenden Altertum ist die Vorstellung von den sechs oder sieben Lebensaltern von den christlichen Denkern und Enzyklopädikern übernommen und einer heilsgeschichtlichen, christozentrischen Auffassung vom menschlichen Lebenslauf angepasst worden. Die vordersten Autoritäten sind dabei Augustinus und der alles und jedes traktierende Kompilator Isidor von Sevilla. Im kirchlichen Bilderkreis stößt man auf sprechende Darstellungen dieser sechs oder sieben Stufen des menschlichen Daseins. Eines der ältesten Beispiele findet sich um 1200 an einem Eingang in den Pariser Mariendom (Abb. 1). Neben einer Statue der Muttergottes sieht man wie auf einer Tabelle die aufsteigenden Lebensalter: Es sind sechs rechteckig gerahmte Bilder übereinander. Zuunterst das Kind, über ihm der Knabe, auf der nächsten Stufe der junge Mann, welcher auf die Jagd geht. Es folgt die *gravitas*, würdevoll thronend, die Zeit der vollendeten *virilitas*, «the best years». Die beiden obersten Bilder sind dem Alter gewidmet: Das erste zeigt ein gebrechliches Sitzen, das zweite den erbärmlichen Zustand der *decrepitas*, der Altersschwäche, einen Greis, welcher sich mühsam auf einen Stock stützt (Abb. 2).

Noch sprechender aber ist eine Variante dieses christlichen Bildes von der unaufhaltsamen Abfolge der Lebensalter, die sich mit der Vorstellung vom Rad des Lebens – vom Glücksrad – verbindet, wie man sie in einem englischen Psalterium aus dem beginnenden 14. Jahrhundert findet (Abb. 3). In der Nabe des Rades erblickt man das Haupt Christi mit der Umschrift: «Ich erkenne Alles, sehe Alles voraus, lenke das Ganze

1 Darstellung der Lebensalter am Portal von Notre-Dame in Paris, 13. Jahrhundert.

2 Mannesalter und Greisenalter – senectus und decrepitas. Die allegorischen Figuren schmücken das Portal von Notre-Dame in Paris, 13. Jahrhundert.

3 *Das Lebensrad aus dem Psalter des Robert de Lisle*
(England, 14. Jhdt.) veranschaulicht zehn Altersstufen des Menschen.

mit Vernunft.» Auf diesem christozentrischen Bild wird das
Rad des menschlichen Lebens also vom Sohn Gottes, vom
Erlöser bewegt. Auf dessen Reif sieht man zehn Kreise mit
den Bildern der Lebensstufen. Die Folge beginnt links unten
mit der Mutter, welche ihr Kind hält. Die Umschrift notiert
rührende Worte kindlicher Unschuld: «Ich bin sanft und mild
und lebe von reiner Milch.» Die Bilder steigen dann auf bis
zur Höhe des Lebens. Dort erblickt man auf dem Scheitel des
Kreises einen thronenden König mit der Umschrift: «Ich be-
herrsche die Welt. Die ganze Welt gehört mir.» Uns aber müssen die absteigenden Darstellungen auf der rechten Seite in-
teressieren. Nicht weniger als viermal wird dort das Alter
dargestellt. Zuerst erscheint eine Figur mit Stock, sie spricht:
«Ich ergreife an der Pforte des Todes den Stock.» Dann
kommt ein Alter, der von einem Kind geführt wird. Er sagt:
«Der Gebrechlichkeit verfallen, ist Tod mein Los.» Das
nächste Bild zeigt den Greis in seinem Kranken- oder Sterbebett. Nun lautet die Umschrift: «Ich werde schwach. Ich be-
ginne hinweg zu sein.» Die beiden folgenden Bilder zeigen
dann nur noch das Totenamt und das Grab. Alles beherr-
schend ist hier der christozentrische Bezug. Die Vorstellung
von einem selbstbestimmten Älterwerden, der *senectus* als
einer Lebensphase, die der Mensch aus eigener Verfügung
positiv gestalten könnte, ist diesen Bildern von der Lebens-
tabelle oder dem Lebensrad völlig fremd. Jene Aufgabe der
selbstbestimmten Altersgestaltung, die uns hier beschäftigt,
liegt gar nicht in ihrer Denkmöglichkeit. Das Alter ist nichts
als der Niedergang des Lebens, Gebrechlichkeit, Schwinden
der physischen und geistigen Kräfte, Pforte des Todes und des
Weges zum göttlichen Gericht.

4 *Jörg Breu der Jüngere, Lebenstreppe, Holzschnitt, Augsburg, 1540.*

In der Reformationszeit wird für diese tief pessimistische Vorstellung vom Alter das Bild der Lebenstreppe erfunden, wie es eindrucksvoll ein Augsburger Holzschnitt aus dem Jahre 1540 zeigt (Abb. 4). Von der Wiege mit dem Neugeborenen bis zum Greis, dem sich ein Enkelkind zuwendet, steigen die Stufen des Lebens auf und ab. Den einzelnen Lebensaltern sind Tiere zugeordnet: dem Neugeborenen ein springendes Böcklein, dem kindischen Greis – dem *senex puer* – der Esel. Über der Treppe erscheint der Tod als Gerippe mit Pfeil und Bogen und unter der Treppenwölbung das

Jüngste Gericht mit Himmel und Hölle. Der Bogen des christlichen Lebenslaufs ist eingespannt zwischen Geburt und Auferstehung am Weltende, das Alter ist nur eine erbärmliche Durchgangsstation. Dichtung und Literatur hallen wider von dieser saturninischen Sicht des Alters. Ich zitiere nur die bitteren, höhnischen Verse aus Shakespeares *Wie es euch gefällt:*

> Das sechste Alter macht den besockten hageren Pantalon,
> die jugendliche Hose, wohl geschont,
> 'ne Welt zu weit für die verschrumpften Lenden:
> Die tiefe Männerstimme, umgewandelt
> zum kindischen Diskante, pfeift und quäkt
> in seinem Ton. Der letzte Akt, mit dem die
> seltsam wechselnde Geschichte schließt,
> ist zweite Kindheit, gänzliches Vergessen ohn' Augen,
> ohne Zahn, Geschmack und Alles.

Das Leben endet auf der lächerlichen und erbärmlichen Stufe des *senex puer*. Das Bild von der Lebenstreppe schleppt sich bis ins 19. Jahrhundert fort. Der alte Jakob Grimm erzählt gerührt: «In meiner Eltern Stube hing ein kunstloses Bild, auf der ersten Stufe stand die Wiege. Auf der siebenten endlich Greis und Greisin, jedes mit Stock und Krücken sich forthelfend, und vor ihren Schritten öffnete sich ein Grab.» Ohne den Bezug zu Jenseits und Gericht verkam die alte Vorstellung von der Lebenstreppe zur seichten bürgerlichen Idylle, das Alter zur Pensionierung. Aber solange die Bühne des Lebens sich auf das Jenseits öffnete, solange das Alter nicht nur Pensionierung oder gar Wellness, sondern Schmerz, Last und

Hoffnung auf die ewige Seligkeit, aber auch Angst vor Sün-
denstrafe und Hölle war und der Tod eine Grenze, hat die
Kunst Bilder des Alters hervorgebracht, die uns noch heute
fragend berühren, auch wenn das Alter sich für uns nur noch
vor einem diesseitigen Horizont abspielt.

Auf dem Augsburger Holzschnitt sehen wir, wie sich
dem zusammengesunkenen Greis ein Kind, vielleicht ein Enkel, zuwendet. Alter und Kindheit umarmen sich. *Senex puer*,
von den Greisen hieß es ja schon im Altertum, sie würden
wieder kindisch. Ein Florentiner Gemälde, das die Fachleute
dem Maler Ghirlandaio (1449–1494) zuschreiben (Abb. 5),
hat diese Umarmung von Alter und Kindheit physiognomi-
siert. Das Kind wendet sich dem Greis zu – vielleicht ist es
der eigene Großvater –, dessen knollige Nase durch Ge-
schwulste entstellt wird. Der Greis ist von Krankheit befallen.
Das Kind blickt erstaunt zu ihm empor, scheint nicht ganz zu
begreifen. Zwischen diesen Gesichtern spielt die Vergänglichkeit des menschlichen Lebens, das in der Kindheit aufblüht
und in der Müdigkeit und physischen Entstellung des Alters
endet: zwei Gesichter, zwei Stufen der Lebenstreppe. Der
Wohlstand, ja Luxus, wie er an der Kleidung von Greis und
Kind abzulesen ist, geben dieser Begegnung zwischen *puer
senex* und *senex puer* einen fatalen Stich ins Besitzbürger-
liche. Zwischen Alter und Kindheit wartet das Erbe, die
Dauerhaftigkeit der Familie, und scheinen dem Tod etwas
von seinem alles auslöschenden Schrecken zu nehmen. Das

5 Domenico Ghirlandaio, *Großvater und Enkel, 1480.*
Paris, Louvre.

Bild kommt nicht zufällig aus dem reichen Florenz kurz vor den Tagen Savonarolas.

Es war die aufgewühltere, verquältere Kunst im Norden Europas, welche in der Reformationszeit die erschütterndsten, erschreckendsten Bilder der Hinfälligkeit und Angst des Alters hervorbrachte. Albrecht Dürer (1471–1528) war 43 Jahre alt, stand auf der Höhe seiner Lebensbahn, als er 1514 im eben noch katholischen Nürnberg seine todkranke 63-jährige Mutter zeichnete (Abb. 6). Es gibt wenige Altersdarstellungen, die sich mit diesem Blatt messen können. Dieser forschende Blick auf die gealterte, vom Alter gezeichnete Mutter hat etwas schonungslos Grausames und zugleich erschrocken Ehrfürchtiges. Alle Symptome des physischen Verfalls sind mit einer medizinischen Genauigkeit notiert, wie man sie sonst nur auf den – freilich völlig anderen – physiognomischen Studien Leonardos findet. In seinem Gedenkbuch schrieb Dürer: «hat oft die Pestilenz gehabt, vill andrer schwerer mercklicher Krankheit, hat große Armut gelitten, Verspottung, Verachtung, höhnische Wort, schrecken und große Widerwärtigkeit.» Aber daneben erzählt er von ihrer Sorge vor der Sünde, «ihrem häufigen Kirchgang», «het albeg grosse sorg vür unser sell». Aus dieser Zeichnung erfahren wir, wie es in jenen Tagen am Vorabend der Reformation gewesen sein muss: Physische Gebrechlichkeit und Sorge um das Seelenheil plagen das Alter. Vor solcher Pein werden alle humanistischen Vorstellungen

6 Albrecht Dürer, Bildnis seiner Mutter, 1514. Berlin, Kupferstichkabinett.

von der Würde – der *dignitas* – der *senectus* zuschanden. Der Mensch endet jämmerlich.

In den gleichen Jahren, in denen Dürer diese erschreckende Zeichnung vom Alter seiner Mutter geschaffen hat, erhoben die Humanisten ihre Stimme zur Verspottung des *senex puer*, des kindischen Greises. In Sebastian Brants *Narrenschiff* (1494) tritt Haintz Narr als Alter auf Krücken auf. Die derbe Unterschrift lautet: «Schon steh ich an der Grube dicht, im Arsch das Schindermesser sticht – doch meine Narrheit lass ich nicht.» Eines der ersten Kapitel von Brants *Narrenschiff* handelt von den alten Narren. Es beginnt: «Die Narrheit lässt mich sein greis. Ich bin sehr alt doch ganz unweis. Ein böses Kind von hundert Jahren.» Und das Kapitel endet sarkastisch: «Nach solchem jetzt das Alter trachtet. Die Weisheit es gar nicht mehr achtet, Suzannens Richter zeigten wohl, was man dem Alter zutraun soll.» Das ist eine Anspielung auf jene beiden geilen Alten, die sich, wie in den Apokryphen des Alten Testaments erzählt wird, über die junge, schöne Susanna hermachen wollen. «Wurden sie entzündet mit böser Lust und wurden darüber zu Narren» sagt die Luther'sche Übersetzung.

Der bildliche Reflex dieser humanistischen Verspottung der Alterserotik zeigt sich in den damals nicht seltenen Darstellungen der ungleichen Liebespaare (Abb. 7). Ein täppi-

7 *Quentin Massys, Ungleiches Liebespaar, 1520/1525. Washington D.C., The National Gallery.*

8 *Lucas Cranach d. Ä., Der Jungbrunnen, 1546. Berlin, Gemäldegalerie.*

scher, gierig grinsender Alter lässt sich von einer jungen Schönheit betören. Nebenan lauert der Narr. So zeigt es ein Bild des Antwerpener Malers Quentin Massys (1466–1530), der in Verbindung mit Erasmus von Rotterdam stand. Erasmus hat dem Thema der Altersnarrheit und der Greisenerotik in seinem *Lob der Torheit* (1509) eine dialektische Wendung gegeben, die man mit ein wenig Bosheit geradezu aktuell nennen könnte. Die «Torheit», welche bekanntlich in Erasmus' Text das Wort führt, verkündet: «Durch meine Gunst ist der Greis nicht bei Sinnen, und mein Wahnsinn befreit ihn von all jenen Plagen, die den Weisen heimsuchen. Er spürt nicht den Lebensüberdruss, den ein tatkräftiges Alter kaum erträgt.» Manchmal wendet er sich gar wie der Greis bei Plautus erneut den drei Buchstaben zu: «Amo. (Ich liebe.) Sehr unglücklich wäre er, wenn er genau wüsste, wie es um ihn steht. So aber ist er durch meine Gunst, die Gunst der Torheit, glücklich.» Sinnenglück bis zum Lebensende: Was bei Erasmus witziges Spiel über das Thema der verkehrten Welt war – sich selbst täuschendes Altersglück –, das ist heute durch Medizin und Pharmazie erreichbare Wirklichkeit geworden. *Puer senex, senex puer*, das Verschwinden des Alters und die neue Rolle der Alten – kaum an einer Stelle wird dieses Phänomen deutlicher als an dem Anspruch der Greise auf kontinuierliche Teilnahme am Glück der Sinne. Diese senile Gier steht quer zu allen früheren Klagen über die Lustlosigkeit des Alters, wie wir sie eben bei Shakespeare vernommen haben.

Der Klage über die Gebrechen des Alters steht aber auch in Dichtung und Kunst des Humanismus der Traum von der ewigen Jugend gegenüber, von der Rückgewinnung von

Schönheit und sinnlicher Lebensfreude im Alter. Der Greis
soll wieder zum Jüngling, die runzlige Greisin wieder zur blü-
henden Schönheit werden. Dieser in der Realität des Lebens
unerfüllbare Traum, dieses Verlangen, die Rotation des Le-
bensrades zurückzudrehen, schuf sich das kuriose Bild vom
Jungbrunnen, wie es 1546 auf einem Gemälde des älteren
Cranach (1472–1553) erscheint (Abb. 8). In der Mitte der Ta-
fel sieht man ein Wildbad, einen «Swimmingpool». Der Brunnenstock in seinem Zentrum ist bekrönt von einer Statuen-
gruppe, die Venus und Amor zeigt. Der Jungbrunnen ist also
ein Liebesbrunnen. Von links her werden in Schubkarren, auf
Sänften, in Wagen alte Weiber – Greisinnen – herbeigebracht.
Schlaff und offensichtlich von Schmerzen gequält, steigen sie
in das Becken. In jugendlicher Schönheit verlassen sie es auf
der anderen Seite und schreiten zum Festmahl, zum Tanz, zum
Liebesspiel. Jedoch dieser Traum vom Jungbrunnen ist nur
eine närrische Utopie, eine Verlockung jenseits der physischen
Grenzen, denen die menschliche Natur unterworfen ist. Zwei
Jahre später hat Hans Sachs in seinem Meistergesang *Der
jünckprünen* (1548) diesen Wunschtraum desillusioniert. Im
Schlaf möchte er selbst in den Jungbrunnen steigen, aber er-
wachend muss er resigniert einsehen, dass er wie alle anderen
Menschen den Gebrechen des Alters nicht entkommen kann.
Auf anderen Darstellungen des Jungbrunnens krönen den
Brunnenstock nicht Venus und Amor, sondern ein Narr. Das
Altersbad wird zum Narrenbad. Unter unseren gegenwärtigen Verhältnissen, da medizinische Lebenserhaltungstechno-
logien, Wellness-Zentren, Schönheitschirurgie zu höchst rea-
len Lebensbrunnen und zu einem florierenden Geschäft mit
den vielen älter Werdenden geworden sind, hat die Realität

9 *Jungbrunnen, 2006: Die «Pom Pom Girls» aus Sun City, Arizona.*
Die Stadt wird nahezu ausschließlich von Rentnern bewohnt.
Foto: © Peter Granser/laif.

den alten Traum von der ewigen Jugend eingeholt und doch
auch desillusioniert (Abb. 9). «Fit for Fun bis Achtzig. Den
Spagat zwischen Alter und jugendlichem Lebensgefühl schafft
die Tanzgruppe aus der Rentnerstadt Sun City spielend»,
konnte man kürzlich unter einer Illustration im Gesellschafts-
teil der *Frankfurter Allgemeinen Sonntagszeitung* lesen. Diese
Unterschrift ist nicht einmal mehr frivol. Der Jungbrunnen,

aber auch das Narrenbad sind banale Realität geworden – für jene materiell Bevorzugten, denen der Zugang zu den neuen Paradiesen des sinnlichen Altersglücks offen steht. Das ist das Alter im neuen kommerzialisierten Sybaris.

Doch wenden wir uns ab von diesen humanistischen Verspottungen kindischer Greisinnen und Greise. In der Kunst des 17. Jahrhunderts mit ihrem nicht nur durch Descartes neu erregten Interesse am Ausdruck der Leidenschaften auf dem menschlichen Antlitz gewinnt auch die Darstellung des Alters, des Greisentums, eine gesteigerte Ausdrucksfähigkeit. Die traditionellen Bilder vom menschlichen Leben wie die Lebenstreppe oder das Lebensrad leben in der Folklore weiter fort, aber in der Kunst werden jetzt Antlitz und Gestalt der Alten zu einem eigenständigen physiognomischen Thema. Die physischen Schwächen, welche die späten Lebensjahre mit sich bringen, können zur Signatur einer patriarchalischen Aura werden, nirgends ergreifender als im Werk von Rembrandt (1606–1669) und auf seinen Darstellungen biblischer Greise aus dem Alten Testament. Eine Radierung (Abb. 10) zeigt den blinden Tobias mit seinem Stock, seinem Hund, seinem hastigen, unsicheren Gang, bei dem er das Spinnrad seiner Frau umwirft, wie er die Tür nicht finden kann, durch welche er als Vater seinem heimkehrenden Sohn entgegeneilen will, nachdem der Blinde dessen Schritt gehört hatte. Mit der tastenden Hand stößt er gegen die Wand, auf der sein Schatten zu sehen ist. Erinnern wir uns noch einmal an jenen Alten mit dem Krückstock auf der Tabelle an dem Pariser Kirchenportal aus dem Mittelalter, so erscheint diese Gestalt des blinden Tobias auf Rembrandts Radierung als eine ergreifende Inversion. Nichts mehr von der Lächerlichkeit des

10 Rembrandt, Der blinde Tobias, Radierung, 1651.

senex puer. Das biblische Alter des blinden Tobias gewinnt durch seine *decrepitas* im Gegenteil Würde und Erleuchtung. Aber an anderer Stelle taucht das Thema des *senex puer*, des kindischen Alten, in Rembrandts Werk auf eine geradezu histrionische Weise auf. Die zahlreichen Selbstbildnisse des Malers kann man als eine Art pathognomonisches Theater über das Älterwerden des sich in immer neuen Rollen travestierenden Künstlers verstehen. Etwa sieben Jahre vor seinem Tode hat der auf die Sechzig zugehende, finanziell und gesellschaftlich in eine desaströse Lage geratene holländische Meister sich mit einer im debilen Gelächter verzogenen Physiognomie dargestellt (Abb. 11). Man hat viel über dieses Bildnis gerätselt. Spottet Rembrandt hier über sein eigenes bevorstehendes Ende, oder schlüpft er in die Rolle des griechischen Philosophen Demokrit, der bekanntlich über die Torheit der Menschen lachte? Heute wissen wir, dass er sich in der Rolle des berühmten griechischen Malers Zeuxis dargestellt hat, der sich, wie eine Anekdote überliefert, über eine hässliche, runzlige Alte, die er malen musste, zu Tode gelacht haben soll. So weit reicht die «ikonographische» Entzifferung des literarisch vorgegebenen Themas. Aber was besagt dieses irre Gelächter über die Deformation einer weiblichen Gestalt auf dem Antlitz des selbst vom Alter deformierten Künstlers? Ist hier die Verspottung des kindischen Alters – des *senex puer* –, wie sie auf den Bildern mit den ungleichen Liebenden und dem Jungbrunnen erscheint, zu einem autistischen Thema geworden? So hat das Alter im Spiegel der Rembrandtschen Malerei ein leuchtendes und ein dunkles Antlitz: Auf die biblische Alterswürde des Tobias antwortet das Gelächter des Zeuxis, für den das Malen, das Porträtieren zum Gelächter über die Hinfälligkeit und Hässlichkeit der menschlichen Natur geworden ist. Selten wird die nie aufzuhebende Ambivalenz der Wahrnehmung des Alters – Bewunderung seiner Würde, Verspottung seines Verfalls – so sprechend anschaulich wie auf diesen beiden Werken Rembrandts.

Einhundertzwanzig Jahre später, im Lichte der Aufklärung und der von der Religion emanzipierten Vernunft, wird das Lächeln des Greises völlig andere, triumphierende Züge aufweisen. Als der 84-jährige Voltaire im Februar 1778 aus Ferney nach Paris zurückkehrte und dort bis zu seiner Erschöpfung mit Ehren überhäuft wurde, hat der Bildhauer Jean-Antoine Houdon (1741–1828) das Antlitz des berühmtesten unter den *philosophes* der Aufklärung in einer Büste für die Nachwelt verewigt. Das Jenseits ist nun irdisch geworden. Nach Voltaires Tod im Mai hat er diese Büste einer Statue aufgesetzt (Abb. 12). Der Körper des Greises ist verfallen, nur noch ein Gerippe, verborgen unter einem Gewand, von dem man nicht weiß, ob es eine Art Schlafrock oder eine antike Toga ist. Auch das Gesicht ist eingefallen, der zahnlose Mund eingesunken, die Lippen nur noch schmale Linien. Aber dieses ruinöse Antlitz leuchtet, vibriert in einem befreiten, blitzenden Lächeln. Es ist der Triumph des beweglichen Geistes über den physischen Verfall, der aus dieser Statue spricht, und darin zeigt sich eine ganz neue, vor

11 *Rembrandt, Selbstbildnis als Zeuxis, um 1662. Köln, Wallraf-Richartz-Museum.*

dem *Siècle des Lumières* gar nicht vorstellbare Wahrnehmung des Alters als einer höchsten olympischen Krönung des rein irdischen Daseins. Voltaire war bekanntlich ein unvergleichlicher Briefeschreiber. Fünf Tage nach seinem 84. Geburtstag hatte er in einer Epistel geschrieben: «In einem Alter, von dem man annimmt, dass es zu nichts mehr fähig ist, versuche ich mich und meine Werke zu verbessern, denn ich glaube nicht an diese Unfähigkeit. Wenn ich mit hundert Jahren einen Fehler gemacht hätte, so möchte ich diesen mit 101 korrigieren.»

Aber auch angesichts dieses Triumphes eines beweglich gebliebenen Geistes über einen gebrechlichen Körper, auch angesichts dieser Statue von Voltaire als *senex puer* ist immer noch an die Ambivalenz aller Wahrnehmung des Alters zu erinnern. Der gleiche Voltaire hat in einem larmoyanten Gedicht das Alter als Zustand beklagt, «in dem Vergnügungen für uns Tod sind, eine verhängnisvolle Zukunft, traurige Erinnerung an ein Glück, das es nicht mehr gibt». Nachdem sich die Pforten des Jenseits für die aufgeklärte Vernunft geschlossen hatten, ist das rein diesseitig gewordene Alter entweder ein letzter Sieg des Geistes über den von Schmerzen gequälten, erlöschenden Körper, oder es ist nur noch hoffnungsloses Elend. In der Kunst gehen die Bilder über die nicht aufzuhebende Angst des Alters auch jetzt weiter, ja sie werden in jenseitsloser Zeit schrecklicher, erschütternder denn je

12 Jean-Antoine Houdon, Der greise Voltaire, 1781.
Paris, Comédie-Française.

– 68 –

VOLTAIRE.

13 *Francisco de Goya, Las Viejas – Die Alten oder Das Alter
und die Zeit, 1810–1812. «Que tal? – Wie geht's?» steht auf der
Rückseite des Spiegels. Lille, Musée des Beaux-Arts.*

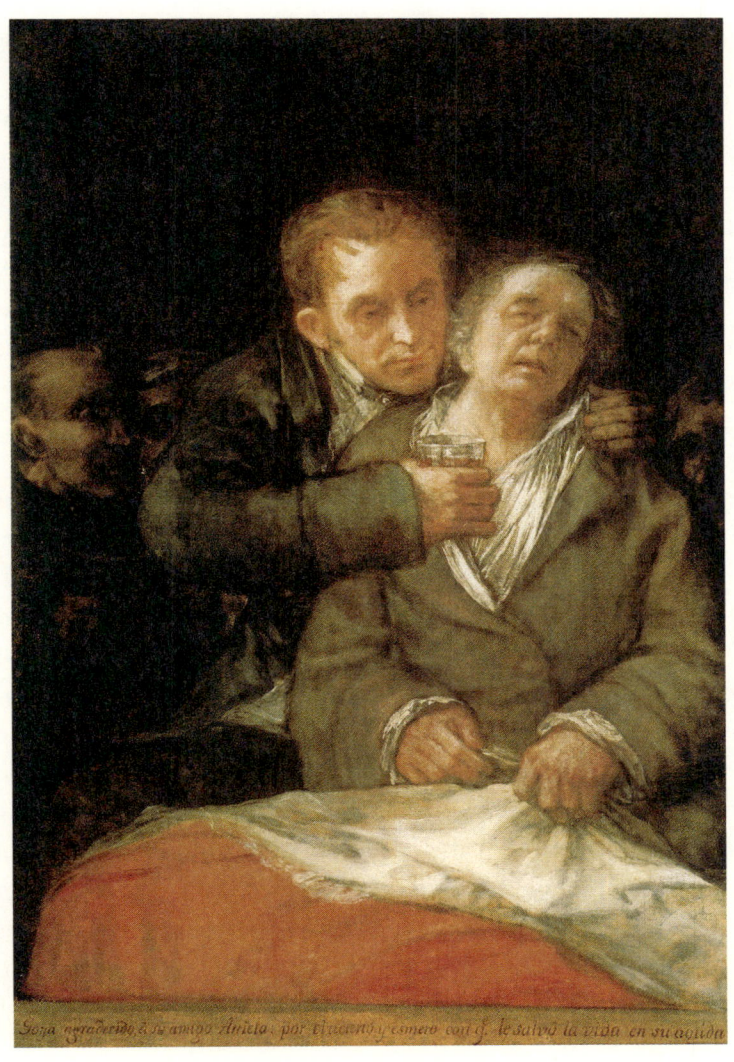

14 *Francisco de Goya, Selbstbildnis mit dem Arzt Dr. Arrieta, 1820. The Minneapolis Institute of Arts, Ethel Morrison Van Derlip Fund.*

zuvor (Abb. 13). «Que tal?» – «Wie geht's?» steht auf der Rückseite eines Spiegels, den auf Goyas Gemälde «Das Alter und die Zeit» eine Zofe einer alten Frau vorhält, die sich in späten Tagen noch einmal aufzuschminken versucht. Es leuchten die roten Haare, funkeln die Brillanten, aber die Hässlichkeit des eingesunkenen Gesichts mit dem zahnlosen Mund, den geröteten Augen, dem mageren Hals kann keine Schminke mehr verschwinden machen. Das ist nicht mehr die humanistische Utopie vom Jungbrunnen. Auf grausame Weise wird hier der Wunsch der Greisin, noch einmal zum begehrten Mädchen zu werden, zur Schau gestellt und in seiner grotesken Vergeblichkeit decouvriert. Heute hat die Schönheitschirurgie solche krassen Bilder von der *vanitas* des Alters längst überblendet. Das gehört zum Verschwinden der Altersphysiognomie aus dem Spektrum einer kybernetisch-medizinisch gesteuerten Gesellschaft.

Doch von Francisco de Goya (1746–1828) kennen wir noch ein völlig anderes, weit moderneres Bild der Erfahrung des Alters und der Krankheit, welches mit seiner eigenen Biographie verbunden ist. Nachdem der Künstler 1820 schwer erkrankt gewesen war, hat er sich nach seiner Genesung in den Armen seines Arztes dargestellt (Abb. 14). Die Unterschrift unter dem Bilde lautet «Goya seinem Freunde Arrieta» – das ist der Name des Arztes – «dankbar für das Geschick und die Fürsorge während seiner gefährlichen Krankheit im Alter von 73 Jahren». Nichts mehr von den alten Gleichnissen für die Schwäche des Greisentums ist hier noch zu sehen: kein Lebensrad, keine Treppe, keine antike Künstlerlegende über das senile Gelächter. Es ist ein Bild fast wie aus einem heutigen Pflegeheim. Aber in unserer Bilderreihe

15 *Pablo Picasso, Greis, Maske und Odaliske, 1969.*

ist es die erste Darstellung einer mitmenschlichen Zuwen-
dung an die Krankheit, die Schwäche des Alters. Nichts mehr
vom *senex puer*. In der säkularisierten Gesellschaft mit ihren
Pflegeheimen, Altersasylen, ihrer fortschreitenden Medizin
wird die *senectus*, die *decrepitas* zum Objekt der Fürsorge.
Goyas Selbstbildnis in den Armen seines Arztes ist erfüllt von
einem sozialen Ethos wie keine frühere Darstellung der Altersschwäche. Darin ist es uns noch heute nahe.

Doch die alten Bilder, die das Versiegen der Kräfte im
Greisenalter entblößend zur Schau stellen, scheinen auch in
der Kunst der Moderne, der klassischen Moderne von gestern und vorgestern, hier und dort wieder auf. In der jenseits-

losen Welt, die sich ganz dem vitalen Dasein im Diesseits verschrieben hat, wird das Versiegen der Zeugungskraft im Alter zur Obsession, zum Trauma, fast zur Hölle. In Pablo Picassos (1881–1973) furiosem Alterswerk meldet sich das uralte Thema des ungleichen Liebespaares zurück. Jetzt aber geht es nicht mehr um den humanistischen Witz über die Lächerlichkeit des geilen *senex puer*. Picassos erotische Altersbilder sind ein verzweifeltes, gottloses Aufbäumen des greisen Meisters gegen das Versiegen seiner sexuellen Potenz als einem Urquell seiner proteischen Schöpfungskraft. Als kraftloser Alter kauert er neben einer wie beim Liebesakt in Pfuhl und Kissen zurücksinkenden Geliebten, welche er noch begehren, aber nicht mehr besitzen kann (Abb. 15). Vor sein greises Gesicht hält er eine Maske mit dem Ausdruck satyriatischer Gier. Das ist nur eines von ungezählten Beispielen.

Vierzig Jahre nach ihrer Entstehung berühren uns solche Bilder des greisen Picasso als archaisch. Sie scheinen den alten Klagen über das Versiegen der Manneskraft näher als der heute medizinisch, psychotherapeutisch und sozial eifrig empfohlenen Ausübung der Alterssexualität. An diesen Bildern Picassos wird deutlich, wie einschneidend sich in den letzten Jahrzehnten unsere Wahrnehmung und unsere konsumierende Modellierung des Alters verändert haben. Der greise Picasso hat am 30. Juni 1972 – etwa ein Jahr vor seinem Tode – ein Selbstbildnis gezeichnet (Abb. 16), das zu den erschütterndsten und erschreckendsten Altersdarstellungen in der europäischen Kunst gehört. Unter allen hier gezeigten Beispielen ist ihm wohl nur Dürers Zeichnung seiner Mutter vergleichbar. Was besagt dieses maskenhafte Antlitz mit den in ihren Höhlen noch immer glühenden Augen? Es verrät Vi-

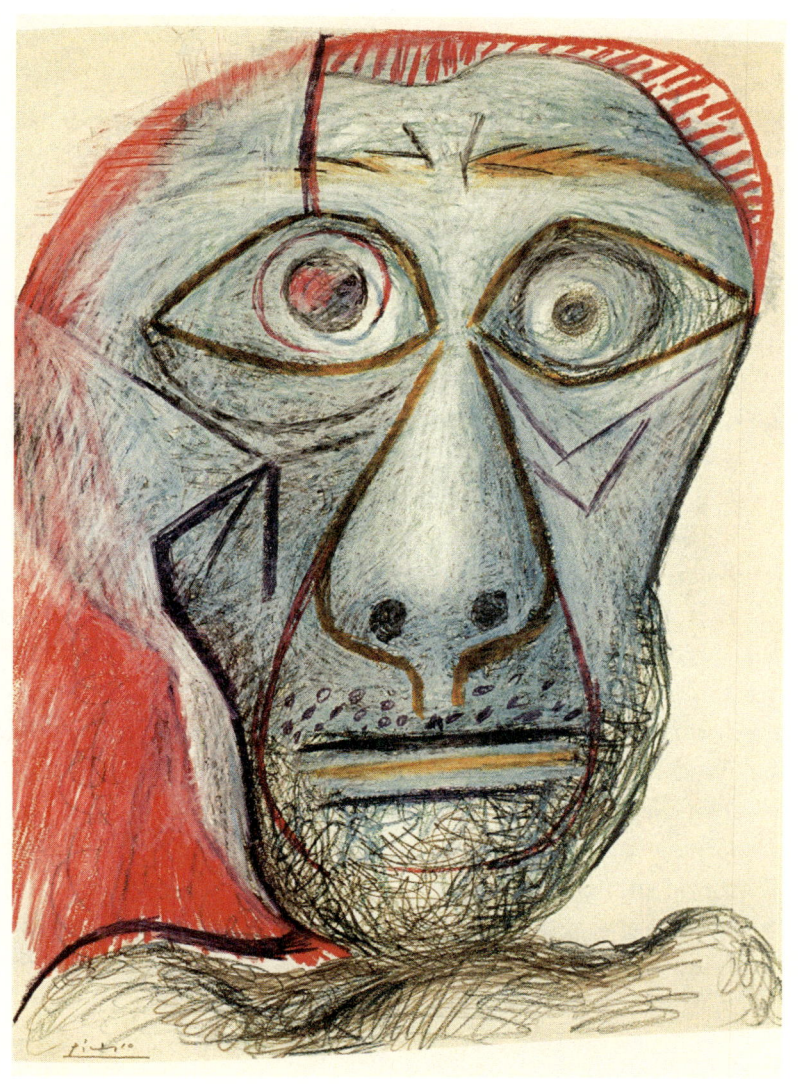

16 Pablo Picasso, *Das letzte Selbstbildnis*, 1972.
Tokio, Fuji Television Gallery.

talität und Angst zugleich im Wissen um den nahenden Tod, der alles – das Leben, das Schaffen, das Lieben – auslöschen wird. Es ist ein Greisenantlitz aus der jenseitslosen Welt. Da ist nichts mehr übrig vom *senex puer*, aber auch nichts von der eigenen Würde des Alters. Das Alter erscheint als rational oder ethisch gar nicht zu verarbeitende Grenzerfahrung der menschlichen Existenz.

Ich könnte hier meine Bilderreihe abbrechen, aber ich möchte noch zwei amerikanische Bilder vom Alter nachschicken. Jeder Leser der amerikanischen Literatur weiß, wie sehr sich in den großen Romanen von Philippe Roth, Paul Auster oder John Updike spezifisch amerikanische Erfahrungen der Einsamkeit des Alters, seiner Enttäuschungen und Verlorenheit niedergeschlagen haben. In den Künsten finde ich dazu nur wenige Gegenbeispiele. Zwei davon möchte ich hier am Ende zeigen, die allerdings auf eine fast absurde Weise voneinander verschieden sind. Das eine schuf vor vierzig Jahren der heute zwar nicht vergessene, aber verdrängte kalifornische Künstler Edward Kienholz (1927–1994), dessen Werk auf viele soziale und ethische Defizite der amerikanischen Gesellschaft der sechziger Jahre verwies. In dem Environment mit dem vielsagenden Titel «The Wait», «Das Warten», sitzt eine alte Frau, gespenstisch allein, von der Zeit verlassen zwischen den Souvenirs und Relikten eines aufgelaufenen Lebens: Photographien aus der Familie, ein Korb mit Übriggebliebenem (Abb. 17). Es ist ein Bild des Alters als Leere und Gefängnis der Erinnerungen. Ich erinnere mich an ein Gespräch mit einem New Yorker Kollegen genau zu jener Zeit (1964), der von seinem Vater in einem Altersheim sagte: da sei nichts anderes mehr als «Just sit down and wait to

die». In der Umgebung einer Konkurrenz- und Leistungsgesellschaft mit unterentwickelten sozialen Sicherungen und
Fürsorgesystemen wird das Alter zur übrig gebliebenen Hoff-
nungslosigkeit.

Mein zweites amerikanisches Beispiel ist daran gemessen
ein Scherzo. Es kommt auch nicht aus Kalifornien, sondern
aus New York, aus der urbanen Welt von Manhattan. Der
ebenso gescheite wie vernichtend witzige Saul Steinberg
(1914–1999), der lange der große Zeichner für den *New
Yorker* gewesen ist, hat sich 1954 des alten, längst obsolet
gewordenen Bildgleichnisses der Lebenstreppe entsonnen
(Abb. 18). Auf fünf Stufen steigt ein amerikanischer Erfolgs-
mensch zum Chefschreibtisch empor: Erst sieht man ihn im
Kinderdress, dann als Knaben im Matrosenanzug, darauf
im Talar eines frisch gebackenen Bachelors, Masters oder sogar Doctors, und dann geht es weiter bergauf. Aber nach der
Position hinter dem Chefschreibtisch ein jäher Absturz. Doch
nun folgt nicht wie auf den älteren Bildern der Lebenstreppe
die Darstellung eines zusammengesunkenen Greises neben
einem sich schon öffnenden Grab. Nein, man erblickt einen
älteren Herrn mit Glatze und Sonnenbrille in Bermuda-Shorts
unter einer Palme. Das ist das Glück des neuen, immer älter
werdenden *senex puer* in Miami Beach oder Santa Barbara.
Saul Steinbergs Zeichnung ist ein halbes Jahrhundert alt. Die
Reichen in Amerika haben es vorgemacht – jenes sinnliche,
entlastete Altersglück an sonnigen Stränden, auf Kreuzfahrt-
schiffen oder in Wellness-Zentren, das heute eine der Formen
der Altersbewältigung für die Privilegierten ist. Auch angesichts dieses Bildes wäre über den Begriff der eigenen Würde
des Greisenalters zu rechten.

17 Edward Kienholz, The Wait, Installation, 1964–1965.
New York, Whitney Museum of American Art.

Nun mag man sich natürlich fragen, ob alle die eben gezeigten Bilder vom Alter – vielleicht mit Ausnahme der beiden letzten, Kienholz und Steinberg – nicht eine von heute
aus gesehen völlig archaische Erfahrung vom Alter verarbei-
ten, der nur noch historische Bedeutung zukomme, und ob
ich mich mit der Projektion dieser Bilder nicht vor der mir
eigentlich gestellten Frage nach dem Alter heute hermeneu-
tisch davongestohlen habe. Alle diese älteren Bilder reflektie-
ren das Alter als einen Zustand der Angst, des physischen
Verfalls, als eine Grenzsituation vor dem Ende des irdischen
Lebens, dem nur die Hoffnung, aber auch die Ungewissheit

18 *Saul Steinberg, Lebenstreppe, 1954.*

eines zweiten, ewigen Lebens Trost spenden konnte. Das Alter war dabei eine das Leben transzendierende Erfahrung des Übergangs. Noch der Verspottung des Alters wie auf den Bildern der ungleichen Liebespaare, noch dem Leuchten der irdischen Unsterblichkeit in der Statue Voltaires, ja dem tödlichen Erschrecken Picassos blieb diese Erfahrung eingeschrieben. In den Wohlstandsgesellschaften der letzten Jahrzehnte aber beobachten wir das Verschwinden dieser ruinösen Altersphysiognomie. Die vielen in einer Welt des diesseitigen Glücks Immer-älter-Werdenden werden – entsprechend dem Ideal des Anti-Aging – immer jünger. So verlangen sie es von sich selbst, und so erwartet es die Gesellschaft, die an den neuen jungen Alten verdienen, aber auch ihre eigene Hoffnung auf einen zweiten Frühling im Alter durch den Blick auf den neuen Typus des *senex puer* bestärkt sehen will. Aber natürlich wäre es ein unberechtigtes pessimistisches Gejammer, wollte man leugnen, dass dieses neue Spiel zwischen Alter und Jugend, dass dieses jugendliche Älterwerden den Betroffenen unvergleichliche Gestaltungs- und Glücksmöglichkeiten beschert. Der *senex puer* studiert und bildet sich, er reist und nimmt am kulturellen Leben teil, man findet ihn in den Museen, Ausstellungen und Konzerten. Am Altersrande der Leistungsgesellschaft entsteht mit der neuen Rolle der Alten eine ganze Kultur der zweckfreien Sensibilisierung. Von den karitativen, ehrenamtlichen Aufgaben, denen sich die neuen älter Werdenden widmen, erst gar nicht zu reden.

Wenn ich am Ende doch einmal von der eigenen Erfahrung sprechen darf: Meine Eltern haben beide das siebzigste Lebensjahr nicht erreicht. Mir war es vergönnt, nach dem siebzigsten Lebensjahr mit dem Schreiben für das Feuilleton von Tageszeitungen eine ganz neue, mir vorher unvertraute Tätigkeit aufzunehmen. Ich habe daraus viel Freude gezogen und, wie mir vielleicht zu schmeichelhaft versichert worden ist, manchmal auch Mitmenschen eine Lektürefreude bereiten können. So kann man sagen: Es entstehe eine neue Kultur des Älterwerdens, und es liege nur am Charakter, an der sittlichen Anstrengung der älter Werdenden, diese Kultur vor der Gierigkeit des Alten-Business und der Gewöhnlichkeit des bloßen Konsums zu schützen.

Aber ist das alles so eindeutig? Vor allem: Stimmt das im Ganzen? Und sind die Reflexionen über das Alter auf den Bildern von vorgestern wirklich völlig obsolet geworden? Der soziologische und mentale Befund des neuen Älterwerdens, das uns hier beschäftigt, trifft, wie wir alle wissen, nur auf Teile der westlichen Wohlstandsgesellschaften zu, wie wir sie in Europa, Nordamerika und einigen anderen Ländern finden. In der ganzen übrigen Welt herrschen andere soziale wie mentale Verhältnisse. Aus den Gesichtern iranischer Ayatollahs blicken uns Altersphysiognomien an, die uns vorzeitlich anmuten. Und ein so wunderbares Altersgesicht wie jenes von Nelson Mandela kann man in unserer verwöhnten, sybaritischen Wohlstandsgesellschaft kaum mehr sehen. Im Elend Afrikas ist nicht der geringste Raum für die neue Kultur des schmerzentlasteten Älterwerdens. Aber auch in unseren Breiten, in unseren Wohlstandsgesellschaften, trifft die Rede von der eigenen Würde des Alters im Vollsinn wohl doch nur für die Begüterten und Gebildeten zu. Wie sieht das Alter der Armen aus? Und schließlich ist zu fragen: Ist die neue Kultur des Älterwerdens nicht nur ein Phänomen der verlängerten Jugendlichkeit zwischen dem sechzigsten und achtzigsten Lebensjahr? Gibt es bei den Hochaltrigen nicht auch heute noch das Steif- und Blindwerden, die schreckliche Erscheinung der Altersdemenz? Ist das alte Gleichnis vom Lebensrad nicht immer noch gültig, dreht sich dieses Rad in einem größeren Radius nicht auch heute noch von der Wiege bis zur Bahre, tritt die *decrepitas* nicht lediglich später ein?

Für die ersten Jahrzehnte des Immer-älter-Werdens mag die Rede von der eigenen Würde des selbstbestimmten Alterns ihre Gültigkeit haben, wenn auch eine klassenmäßig eingeschränkte. Die Armen, die durch physische Lebensarbeit Geschundenen und Verbrauchten bleiben auch unter den Bedingungen des neuen Älterwerdens elend und obendrein arm. Wir müssen uns fragen, wie privilegiert wir – die Verwöhnten und Gebildeten – auch im Alter bleiben. So sollten wir die alten Bilder, die alten Texte über das Alter nicht vergessen!

Sie haben uns immer noch etwas, ja vielleicht sogar viel zu sagen. Sie erinnern an das Elend im Alter, dem die menschliche Existenz nicht entkommt. Obwohl ich mich selbst zu den Agnostikern zähle, meine ich, die sprachlich bildmächtigste Äußerung über das Greisenalter in der Bibel, im Alten Testament, in der Rede Hiobs zu finden: «Der Mensch, vom Weibe geboren, lebt kurze Zeit, und ist voll Unruhe. Gehet auf wie eine Blume und fällt ab. Fleucht wie ein Schatten und bleibt nicht.» Hiob konnte sich über den Sinn dieser Worte noch mit seinem Gott verständigen. Viele von uns müssen diesen immer noch radikal wahren Spruch in ihrem Älterwerden allein und ohne die Verheißung der Transzendenz ertragen. Das neue Glück des Immer-älter-Werdens in der diesseitig gewordenen Welt, das Bad im real gewordenen Jungbrunnen hat am Ende seinen bitteren Preis.

HUBERTUS VON PILGRIM

Kunst im Alter – Altern als Kunst

Owê war sint verswunden   alliu mîniu jâr!
ist mir mîn leben getroumet,   oder ist ez wâr?
daz ich ie wânde ez wære,   was daz alles iht?
dar nâch hân ich geslâfen   und enweiz es niht.
Nû bin ich erwachet,   und ist mir unbekant
daz mir hie vor was kündic   als mîn ander hant

O weh, wohin sind entschwunden   alle meine Jahre!
War mein Leben ein Traum   oder ist es Wirklichkeit?
Was ich immer wähnte es sei   – war das alles etwas?
Dann hab ich geschlafen   und weiß es nicht.
Nun bin ich erwacht   und ich kenne nicht mehr
Was mir zuvor bekannt war   wie meine eigene Hand.

Dieses Gedicht, der Anfang der berühmten *Alterselegie* des Walther von der Vogelweide gibt meines Erachtens wunderbar eine Altersstimmung wieder zwischen Traum, Rückerinnern und tastender Wirklichkeitsorientierung. Wenig wissen wir an belegten Fakten von dem Dichter, kennen nicht seinen Geburtsort noch das Jahr, nehmen Würzburg als seinen Ster-

beort an und setzen die Jahrhundertwende 1200 als seine ver-
mutliche Lebensmitte an, von der wir jeweils dreißig ge-
schätzte Jahre als Anhaltspunkt für sein Lebensalter vor- und
zurückrechnen. Was aber die *innere* Befindlichkeit betrifft,
vermittelt mir Walther mit diesem wie mit seinen anderen
Gedichten eine große Präsenz seines Empfindens. Ungeachtet
der Distanz von achthundert Jahren sehe ich die Situation des
alten Menschen, hier eben speziell des künstlerischen Menschen, überaus treffend dargestellt.

Die Musen sind Töchter der Erinnerungskunst, der Mne-
mosyne. Diese altgriechische Vorstellung verstehe ich, weit
über den alten Mythos hinaus, als ein wirklichkeitsbestimm-
tes Bild von der künstlerischen Konstitution. Da aber Erin-
nerungsebene und Wirklichkeitsebene oft weit auseinander-
liegen, kommt es zu dem alterstypischen Konflikt, den ich
auch anders definieren könnte: Der Rhythmus der individuellen Wandlungen und der der allgemeinen Zeitläufte de-
cken sich selten oder gar nicht. Der Historiker rechnet auch
bei großen Distanzen in die Vergangenheit – wo möglich –
auf mindestens fünf Jahre genau, auf ein *lustrum*, wie das
einmal so gelehrt benannt wurde, was, grosso modo, mit
dem Zeitmaß übereinstimmt, das wir heutzutage für einen
«Paradigmenwechsel» im öffentlichen Leben ansetzen. Wir
Künstler wandeln uns gewiss auch ständig, aber nach anderem Zeitmaß.

Und so lang du das nicht hast,
Dieses: Stirb und werde!
Bist du nur ein trüber Gast
Auf der dunklen Erde.

lautet die altersweise Devise des ewig jungen Goethe in seinem Gedicht *Selige Sehnsucht*.

Indem ich mir dieser Altersstufungen bewusst werde, kommen mir Erinnerungen aus meinen jungen Jahren in den Sinn an Begegnungen mit alten Künstlern und Gelehrten, die einst für ihre Zeit und später auch für mich prägende Bedeutung hatten.

1948, also vor rund sechzig Jahren, modellierte ich meine erste größere Arbeit, eine (immer noch erhaltene) Jünglingsfigur. Da reifte in mir der Entschluss, Bildhauer zu werden, Holzschnitte zu machen und es auch mit der Malerei zu versuchen. Doch bevor ich den an meinem siebzehnten Geburtstag gefassten Lebensplan entschieden verwirklichte, schlug ich, um es mit dem Titel eines berühmten Bildes von Paul Klee zu sagen, *Haupt- und Nebenwege* ein. Ich betrieb meine sehr lange Ausbildung anfangs als Doppelstudium und pendelte für eine Weile zwischen der Kunstakademie in Karlsruhe und der Universität in Heidelberg hin und her.

Dass Erich Heckel sich erbot, mich drei Jahre lang jeden Samstag während der Semesterzeit in seinem Karlsruher Dienstatelier zu unterrichten, erschien mir wie ein Wunder in meinem an glücklichen Wendungen nicht armen Leben. Der greise, ehedem wilde Expressionist, der selbst kein Akademieabsolvent war, entpuppte sich zu meiner Überraschung als ein sehr belesener Maler, geradezu als ein *pictor doctus*. Er nahm regen Anteil an dem neben meinen bildnerischen Versuchen simultan betriebenen sechssemestrigen Studium der Literatur- und Kunstgeschichte und der Philosophie, las meine Seminararbeiten und war über den damaligen Stand mancher kunsthistorischen und literaturgeschichtlichen Auseinandersetzungen auf dem Laufenden. Er gehörte der Hölderlin-Gesellschaft an und mokierte sich – allerdings ohne Namen zu nennen – über die Unbildung mancher Kollegen: «*Maltiere*» *sind das* – diese drastische Charakterisierung ist mir im Gedächtnis haften geblieben. Wechselseitig deklamierten wir Hölderlin, *par cœur*, wie die Franzosen so treffend sagen. «Und zusammen mit der prächt'gen / Garonne meerbreit / ausgehet der Strom», zitierten wir den Schlussvers von *Andenken*, und Heckel rief begeistert aus: «‹meerbreit›, ja, das ist es, so muss man malen oder zeichnen, – ‹meerbreit›, einen solchen Ausdruck muss man finden, der die Brücke zwischen Anschaulichkeit und Abstraktion schlägt.»

Dann befragte mich Heckel neugierig, wer in Heidelberg über die Kunst des 20. Jahrhunderts lese. Damals waren Vorlesungen und Seminare über die jüngere Vergangenheit keineswegs selbstverständlich. Ich entgegnete ihm *Gustav Hartlaub*, den ich schon als Schüler in öffentlichen Vorträgen gehört hatte. *Hartlaub*, wiederholte Heckel und freute sich sichtlich, den Namen zu hören, pries die Verdienste des Mannes, der, bis ihn die Nationalsozialisten brüsk aus dem Amt vertrieben, als Direktor der Kunsthalle Mannheim aufmerksam und mit sicherer Hand Kunst der Moderne angekauft hatte, auch für die in Deutschland (damals) selten vertretene französische Kunst einen wachen Blick hatte. «Die Nationalgalerie in Berlin, das Museum Folkwang in Essen, Halle und eben Mannheim …», der als «entartet» in dunklen Jahren verfemte Heckel zählte mit bitter-wehmütiger Anerkennung die Museen auf, die der Moderne zugewandt waren und deren Bestände geplündert wurden. 1933 banden SA-Leute ein Chagall-Bild aus der Mannheimer Kunsthalle auf einen Lei-

Hubertus von Pilgrim: Medaille auf Erich Heckel, 2004.
Das Nietzsche-Zitat auf der Rückseite hat Heckel
höchstwahrscheinlich zu der Namensgebung «Die Brücke»
für die legendäre Künstlergruppe angeregt.

terwagen und zogen mit einem hetzerischen Hinweis, wie viel
Geld jener Dr. Hartlaub für dieses «Machwerk eines ostischen
Juden» gezahlt habe, johlend durch die Straßen. Heute sind
bei einem breiteren Publikum Verständnisschwierigkeiten für
ein träumerisches Bild mit einem auf einem blauen Dach fie-
delnden Geiger weitgehend geschwunden, ja geradezu einer
Popularität für den aus Witebsk gebürtigen, dann in Paris an-
sässigen Chagall gewichen. Für die Expressionisten wie für
ihre Förderer und Sammler brachen 1933 schlimme Zeiten
an. Aber heute, so schloss Heckel seine Erinnerungen, legte
mir Verständnis heischend die Hand auf den Unterarm und
wertete: «Aber heute ist der Hartlaub ein *alter* Mann.»

Heckel war 1883 geboren, das ist das Jahr, das genau in
der rechnerischen Mitte zwischen den Geburtsjahrgängen
meiner Großeltern und meiner Eltern liegt und eher nur um

Monatsbreite von dem Geburtsjahr von Gustav Hartlaub abweichen konnte. Doch die Vorlesungen und gar Seminare des als *alt* gescholtenen Hartlaub waren höchst lebendig. Wenn er beispielsweise über Honoré Daumier las, ihn nicht nur mit dem üblichen Blick auf den karikaturistischen Aussagewert erläuterte, sondern auch nach den Regeln der *Großen* Kunst analysierte, dann war der damals größte Hörsaal der Heidelberger Universität bis zum letzten Platz gefüllt. Ganz übersichtlich hingegen ging es in seinen Seminaren zu, wo wir im Vergleich zu heutigen Verhältnissen ganz unter uns waren. Da blieb es nicht aus, dass er meines damaligen Doppelstudiums gewahr wurde und sich, zunächst enthusiastisch, über Erich Heckel ausließ, dessen große Verdienste als Mitglied, ja wesentlichem Mitbegründer der legendären Künstlergruppe «Die Brücke» er über den grünen Klee pries. Aber dann nahm er mich etwas beiseite, legte mir Verständnis heischend die Hand auf den Unterarm, und befand: «Aber heute ist der Heckel ein *alter* Mann.»

Nie werde ich diese kurz aufeinanderfolgenden Szenen vergessen. Sie zu veranschaulichen hätte nur *eines* Schauspielers bedurft, der mit wechselnder Maske mal rechts, mal links auf den imaginären anderen deutet, mit wortwörtlich gleichem Text, *seht, der andere da, der alte Mann!* Offenbar ist die Alterseinstufung eines Mitmenschen leichter als die Selbsterkenntnis! Und wenn ich diese Erinnerung hier preisgebe, so muss ich mir bewusstmachen, dass ich selbst heute mit 78 Jahren schon um gut ein Zehntel *über* dem Lebensalter der damaligen Akteure liege.

Früh also war ich gegen wechselseitige Wertungen ganz allgemein immunisiert, doch für gegenseitige Alterseinschätzungen im Besonderen sensibilisiert. Gewiss, ein Körnchen Wahrheit steckte in den jeweiligen Herabstufungen: Beide hatten ihre *heroische* Epoche weit hinter sich gelassen. Was mich an Hartlaub aber beeindruckte, war, dass er, der mir bei aller damals gepflegten Distanz zwischen Professor und Studenten offen und wohlwollend gegenüberstand, nie eine Klage über die persönliche Demütigung und Berufsbehinderung in der zurückliegenden Epoche verlor. Wohl konnte er nach 1945 nicht mehr aus der Machtfülle eines Museumsdirektors vorwärtsweisende Kunsteinkäufe tätigen noch begriffsprägende Ausstellungen veranstalten – *Die Neue Sachlichkeit* war eine solche produktive Titelfindung für eine entsprechende Ausstellung gewesen, die er in seinem Museum damals wegweisend zusammengetragen hatte. Der dann in den fünfziger Jahren mit einer Honorarprofessur nur mäßig abgefundene Kunsthistoriker wandte sich Themen zu, die vor ihm nur die in den dreißiger Jahren emigrierten Wiener Forscher oder der legendäre Aby Warburg behandelt hatten. Als erst rund vierzig Jahre später die umfassende Untersuchung *Saturn und die Melancholie* (mit besonderem Bezug auf Albrecht Dürers berühmten Stich) in deutscher Sprache herauskam, waren mir die Autoren Erwin Panofsky, Raymond Klibansky und Fritz Saxl mit Hinweis auf die Erstveröffentlichung von 1923 durch den unorthodoxen Hartlaub längst ein Begriff. Ich entsinne mich manch eines beiläufigen Privatissimums, das er mir hielt, etwa vor einer Photographie, die die einander wesensfernen Bildhauer Ernst Barlach und Aristide Maillol nebeneinanderstehend zeigte – das war ein Augenöffnen, ein Begriffsschärfen und ein großer Kenntnisquell.

Gleichfalls muss ich von Erich Heckel sagen, dass seine späte Malerei mich durchaus anzog, etwa wenn er vorfrühlingshafte Landschaften mit zurückweichenden Schneeresten malte und zwischen Farbigkeit und gebrochenem Weiß eine fast magische Balance suchte und zu einer höheren Harmonie verwob. Dann fragte ich mich, verglichen mit der Wirkung, die die grelle Farbkraft der *Brückezeit* vermittelte, wer der *eigentliche* Heckel sei. Ist vielleicht der späte, bis heute als schwächer eingeschätzte Maler viel mehr *er selbst* als der heftige Trompeter der frühen Jahre?

Diese Überlegung führt mich zu der Frage des Alterswerks ganz allgemein. Zu verneinen ist die schnelle Antwort, dass es durchgängig schlüssige Kriterien gäbe. Gottfried Benn hat sich 1954 in einem Vortrag über *Altern als Problem für Künstler* ausführlich mit der Frage beschäftigt. Überraschend ist Benns Weigerung, sich mit der Physiologie des Alters aufzuhalten, war er doch schließlich auch Arzt und insofern auch prägend für die moderne Lyrik, in die sich besonders durch ihn ein *klinischer* Ton einschlich. Was die Medizin zu der Physiologie des Alters zu sagen habe, konstatiert Benn, sei doch recht dürftig. Der Spezialist für Haut- und Geschlechtskrankheiten widmet sich nicht zufällig einleitend eher den Biographien solcher Genies, deren Vita von venerischen Krankheiten geprägt war oder deren geschlechtliche Fixierung von der Norm abwich. Ich frage mich aber, ob das Widerspiel von körperlichem Leistungsvermögen und körperlichem Einsatz eine zu banale, zu offensichtliche Erkenntnis ist, keiner weiteren Erwähnung wert. Gewiss, jedweder Mensch erfährt spätestens, wenn er durch welch missliche Umstände auch immer an ein Krankenbett gefesselt ist, an sich selbst elementar den so schnell fortschreitenden Muskelschwund. Solange man sich bewegt, bleibt man beweglich, solange man beweglich bleiben will, muss man sich bewegen – so einfach ist der Zirkelschluss dieser Binsenwahrheit. Gerade für einen Bildhauer, auch für den nicht steinhauenden Plastiker wie mich, ist die tägliche, oft nicht unbeträchtliche Anstrengung ein wichtiges Lebenselixier. Die körperliche Leistungsfähigkeit wie die geistige Erfindungskraft sind im einander bedingenden Wechselspiel Voraussetzung wie Folge unablässiger Arbeit.

Das, was uns an Leistungsdisposition geschenkt ist, ist aber letztlich Gnade. Unser Zutun ist gefordert. So habe ich es immer auch als eine Elementarweisheit empfunden, dass die Philosophie, die griechische speziell, eine im Schreiten entstandene Tätigkeit ist, peripatetisch also. Wenn aber nun das Augenlicht schwächer wird? Da hilft keine tägliche Anstrengung, die ist eher kontraproduktiv. Diese Alterserscheinung trifft natürlich in besonderem Maße die Künstler. Der heutige Stand der augenärztlichen Kenntnis und optischen Technik lassen aber für den Großteil der Betroffenen dieses Thema in den Hintergrund treten, im Gegensatz zu der Situation vergangener Jahrhunderte. Gelegentlich sieht man Selbstbildnisse früherer Künstler, die nicht zögerten, sich mit altertümlicher Brille auf der Nase darzustellen, wie zum Beispiel der wunderbare Stilllebenmaler Jean-Baptiste-Siméon Chardin – ein Meister des genauen Hinsehens.

Durch den Buchdruck und die Ausbreitung der Lesegewohnheit wurde mit dem Beginn der Neuzeit das so verbreitete Nachlassen der Sehkraft erst allgemein manifest. Preiswerte Lesebrillen gab es im späten Mittelalter noch nicht; ein

Bergkristall mit günstigen optischen Eigenschaften, der Beryll, wurde, wie der Philosoph Nikolaus von Kues in seiner Schrift *Über den Beryll* vor genau 550 Jahren erwähnt, konkav und konvex zugeschliffen. Wer aber von der Lektüre dieser Abhandlung weiteren Aufschluss über die Sehhilfe des Spätmittelalters erwartet, studiert an falscher Stelle. Für den Cusaner ist der Titel *De beryllo* nur metaphorisch zu verstehen und sinngemäß zu übersetzen mit *Genau besehen* oder *Das Rückführen aller Betrachtung auf den unteilbaren Ursprung aller Dinge* oder so ähnlich. Vordergründig bleibt dabei nur das Erinnern an den Ursprung unseres Wortes Brille von Beryll. Weiter gefasst aber kann man Begriffe, wie Nikolaus von Kues sie prägte, auch für unser Thema zutreffend betrachten: so die *coincidentia oppositorum*, der Zusammenfall (oder die Ineinssetzung) der Gegensätze. Mehr als einmal erweist sich, dass Altersstil und zukunftweisende, geradezu jugendlich wirkende Altersproduktion eine Einheit bilden können.

Gewiss sind die Unterscheidungen nicht immer leicht zu treffen zwischen dem Nachlassen der physischen Sehkraft und den Verschattungen der geistigen Schau. Wir besitzen frühe und ausführliche Lebens- und Werkbeschreibungen, die der Maler und Baumeister Giorgio Vasari niedergelegt hat. Mit seinen 1550 erstmals verlegten Künstlerviten gilt er als der Vater der Kunstgeschichte. Über Tizian als die Ikone des hochbetagten Künstlers schlechthin, bescheinigt uns der auskunftsfreudige Vasari:

Tizian war stets gesund und so glücklich, wie je ein anderer Meister seines Berufes; der Himmel gab ihm nur Glück und Heil.

Der Altersstil Tizians ist ein klassischer Streitfall. Vasari schreibt weiter, nachdem er vornehmlich einige seiner berühmten mythologischen Darstellungen von Andromeda, Diana oder Europa aufgezählt hat:

> Alle diese Bilder aber werden von Sr. Katholischen Majestät (Philipp II. wird gemeint sein) sehr wert geachtet, indem Tizian durch Reiz der Farben den Figuren wirkliches Leben verliehen hat.

Dann aber fährt Vasari fort:

> Wahr ist bei alledem, daß seine Verfahrensweise in den letzten Lebensjahren von der seiner Jugend sehr verschieden war, indem er seine ersten Arbeiten mit einer gewissen Feinheit und mit unglaublichem Fleiß ausführte, so daß man sie nahe und wie ferne betrachten kann, während die des späteren Alters im Fluge, grob und fleckig gemalt sind, in der Nähe nicht gesehen werden dürfen, in der Ferne aber eine vollkommene Wirkung machen.

Ein exemplarisches Altersbild Tizians ist die «Dornenkrönung Christi», die um 1570, sechs Jahre vor dem Tode des Künstlers entstanden ist und zu seinen letzten Werken gehört. Das Bild überrascht: *Das soll Tizian sein?* Der heutige Betrachter assoziiert eine viel spätere Malweise, eher den Expressionisten nahe, *im Fluge, grob und fleckig gemalt* – ich wiederhole die hellsichtige Vasari-Charakteristik –, *darf nicht in der Nähe gesehen werden*, was wie die Empfehlung klingt, wie man Spätimpressionisten beispielsweise zu betrachten habe. Unschwer kann man vermuten, dass die Zeitgenossen in der späten Renaissance sich zum Teil verwundert von Tizians Spätwerken abgewandt haben. Gleiches kann man von der Reaktion auf die Bilder des späten Rembrandt vermuten. Oft genug habe ich, auch mit meinen damaligen Studenten, vor seinem wahrscheinlich letzten Bild, dem *Familienbild* in Braunschweig gestanden, das beträchtlich von der dinglichen Präsenz der Malweise seiner reifen Zeit abweicht und unbefangen eher in der Richtung eines späten Monet zu lesen ist. Und als Bildhauer füge ich ein mir besonders nahe liegendes Beispiel an, nämlich den greisen Michelangelo (1475–1564) mit seiner ganz späten «Pietà Rondanini». Es handelt sich um kein Auftragswerk, sondern er hat sie für sich selbst geschaffen und ließ dabei den Betrachter in Ungewissheit über den Grad der angestrebten Vollendung. Durchgearbeitete Partien kontrastieren krasser noch als bei seinen frühen und seinen reifen Werken mit roh belassenen Stellen, ein Arm ragt isoliert ins Leere. Im Atelierjargon würde man von einem *rechten Verhau* sprechen. Paradoxerweise sind es aber gerade diese Spätwerke, die uns als zukunftsweisend heute besonders anziehen.

Mehr der produzierenden denn der rezipierenden Partei zugehörig, fröne ich also ungeniert einer anachronistischen Betrachtungsweise. Ein kritischer Historiker mag das anders gewichten. Philip Sohm, Kunsthistoriker aus Toronto, hat eine anregende Untersuchung über das Altern in der Kunst

Tizian, Dornenkrönung Christi. München, Alte Pinakothek,
Auch dieses Bild, zwischen 1570 und 1575 gemalt,
ist ein Alterswerk.

HUBERTUS VON PILGRIM

und von Künstlern in Italien im 16. bis 18. Jahrhundert herausgebracht: *The Artist Grows Old*. Mit einem erfrischenden Hang zum Entmythologisieren rückt der angelsächsische Gelehrte zunächst einmal der Legende von dem fast hundertjährigen Tizian zu Leibe. 1576 starb Tizian, das ist gewiss, und die Todesursache ist auch bekannt, nicht Altersschwäche nämlich, sondern die Pest! Wann aber ist Tizian geboren? Dreihundert Jahre lang hat man Tizian für den fast Hundertjährigen gehalten! Sohm zieht die verbreitete Geburtsangabe 1477 in Zweifel und verdächtigt keinen anderen als Tizian selbst der Mystifikation! Tizian, so hat Philip Sohm geduldig eruiert, «war sich seines Alters bewußt, das er nie herunter-, sondern absichtlich heraufsetzte, offensichtlich nicht gewillt, sein wahres Alter zuzugeben». Nach Tizians wechselnden Angaben, etwa dem Sekretär Philipps II. gegenüber, kann man sein Alter auf 103, 102, 99, (wie so lange üblich) 95 oder wenig jünger ansetzen. Der gegenwärtige Konsens über sein Geburtsjahr schwankt zwischen 1489 und 1495. Demnach ist er mindestens 81 und höchstens 87 Jahre alt geworden. Sohm liefert eine Erklärung: Nachlassende Sehkraft hat sich der Venezianer aus dem Cadore (mit vermutlich ungewissen Geburtsregistern) nicht eingestehen wollen und sich selbst älter gemacht, was eine merkwürdige Imagepflege war, dem auch ein geldgieriges Geschäftsinteresse unterstellt wird.

Soll ich nun aber annehmen, dass die gröber gewordene Malweise auf einen – salopp gesagt – Knick in der Pupille zurückzuführen sei? Vieles von der materialreichen Analyse des angelsächsischen Autors ist gewiss richtig, ganz kann ich seiner Argumentation nicht folgen. Betrachtet man eines der beiden Selbstbildnisse Tizians, das Berliner nämlich, ist dem

Betrachter die Gesichtsdarstellung klar und abtastbar genau geboten; es sind unverkennbar Alterszüge, gewiss, aber blitzende Augen, ein Gesamteindruck von gesammelter Kraft stellt sich unmittelbar ein. Diesen vermittelt auch und gerade der Gestus der Hände; doch wie sind die gemalt? Sie sind es nicht in der Manier des frühen, des reifen Tizian, sondern einfach nur so angedeutet, kraftvoll zwar und äußerst knapp artikuliert, aber eben nur flüchtig dahingestrichen. Würde man einem Betrachter, der das Bild nicht kennt, einen Ausschnitt vorlegen, man könnte einen kunsthistorisch nicht Ungebildeten ganz schön in die Irre über die Entstehungszeit führen. *Man malt mit dem Kopf und nicht mit der Hand*, diese berühmte, oft variierte Konfession der Renaissancekünstler könnte man dieser Motivgewichtung unterlegen; man wollte sich gegen das Handwerk absetzen und der Wissenschaft und Dichtung gleichsetzen. Aber das sind reine Spekulationen, die wieder die Selbstsicht des alternden Künstlers betreffen.

Was er denn von der Malerei der Jungen halte, soll der alte Picasso einmal gefragt worden sein, worauf er, der Sonnenkönig der Malerei, auf sich gewiesen habe: *la peinture jeune, c'est moi!* Merkwürdigerweise ging dieser hohe Grad der Selbstgewissheit, gerade im Alter, einem anderen Titan der Kunst, Paul Cézanne, ab. Dabei entwickelte er in seinen letzten Lebensjahren den vielleicht ausgeprägtesten Altersstil, den je ein Maler entwickelt hat, *ohne* dabei sich selbst untreu zu werden. Er war buchstäblich bis zum letzten Atemzug aktiv, malte Tag für Tag, auch bei ungünstiger Witterung meist im Freien, versessen darauf, den Natureindruck mit seinen Gestaltungsideen zu vereinen. Doch war er bis in sein Alter (er wurde nicht ganz 68 Jahre alt) von Selbstzweifeln gequält, dass er es nicht schaffe, *je ne peux pas réaliser*, soll er wiederholt ausgerufen haben, wie mehrfach überliefert wird. Dabei steht sein Werk wie wohl kaum ein anderes für den Aufbruch zur Moderne, es markiert die Wegscheide zwischen der alten Malerei und einer ganz neuen Bildwelt. Die Gemälde, erst recht die Aquarelle, seiner letzten Jahre weisen in zunehmendem Maße leere Stellen auf, die Gegenständlichkeit wird an letzte Grenzen gebracht. Und doch malt der Maler mit Verve. Sein Pinselstrich hat nichts Zögerndes, offenbart einen kräftigen, schnellen Duktus – ein Alterswunder! Der Mann, der als der große Erneuerer der Kunst gilt, lebte zurückgezogen, die längste Zeit in dem heimatlichen Aix-en-Provence, war timide, verbarg seine Lebensgefährtin, die er schließlich heiratete, viele Jahre vor seinem Vater, bis zu dessen Tod, suchte bei seinem Schulfreund Émile Zola, dem in der Anfangszeit hilfreichen Kollegen Camille Pissarro und später bei seinem Sohn Paul Rat und Hilfe, äußerte sich aber in künstlerischen Fragen sehr entschieden und klar.

Es bleibt immer problematisch, von schriftlichen oder authentisch überlieferten mündlichen Selbstzeugnissen auf die wahre Befindlichkeit eines Künstlers zu schließen. Sicher scheint mir nur zu sein, dass die wunderbare biblische Beschreibung von König Davids Lebensende auf Cézanne nicht zutrifft: *Und er starb im guten Alter, satt an Leben, Reichtum und Ehre.* Und doch kann man Cézanne wahrlich einen großen König der Malerei nennen!

Die gröber oder sagen wir besser: wilder gewordene Malweise könnte dazu verleiten, diesen Duktus durchweg als *das* typische Element eines Altersstils zu definieren. Dem wider-

Paul Cézanne, Le Tournant de la route.
München, Bayerische Staatsgemäldesammlungen. Das Aquarell
entstand zwischen 1900 und 1906, also kurz vor Cézannes Tod.

spricht beispielsweise das Spätwerk Albrecht Dürers. Dürer starb 1528 mit fast 57 Jahren, was uns Heutigen als nicht sehr alt erscheinen will. Gleichwohl kann man von einem Altersstil sprechen. Seine letzten Kupferstiche zeichnen sich durch eine wachsende Detailtreue aus. Dürers Neigung zur Phantastik in seinen früheren Holzschnitten und Kupferstichen weicht einem immer genauer werdenden Portrait-Realismus. Auf dem 1526 gestochenen Bildnis des Melanchthon kann man die auf der Stirn hervortretenden Adern förmlich abtasten; und was Dürer an Licht- und Schattenspiel den an sich spröde-trockenen Strichlagen des Kupferstichs abgewinnt, übertrifft noch alle seine frühere, schon stupende Stechergenauigkeit: Der Lichteffekt der Butzenscheiben in der berühmten Hieronymus-Darstellung (1514, wie sein allbekannter Melancholie-Stich) lässt moderne Photoexaktheit blass aussehen. Auch das kann ein Altersstil sein!

Oder denken wir an das merkwürdige Auseinanderklaffen von Werk und leiblich-seelischer Befindlichkeit im Falle des Spätrenaissancemalers Jacopo Pontormo. Vasari, der eben erwähnte Sohm oder der mir aus Rom noch bekannte Gustav René Hocke, sie alle beschreiben mit Nachdruck den fortschreitenden Alterungsprozess Pontormos, sein Grummeln und Jammern, seine exzentrische Weltflucht. Während aber der Hypochonder mit hochgezogener Leiter besorgten Mitmenschen den Zutritt zu seinem Florentiner Atelier verwehrte, malte er Bilder in leuchtenden Farben, die man jugendlicher und durchsichtig-leichter gemalt sich nicht vorstellen kann. Hocke, der anregende Chronist der Epoche des Manierismus, witterte in seinem Werk *Die Welt als Labyrinth* von 1957 zu Recht dessen Modernität.

Was mir an Gottfried Benns Anamnese der alternden Künstler an physiologischen Hinweisen fehlt, erscheint mir bei Philip Sohm als zu vordergründiger Kausalzusammenhang manchmal zu weit zu gehen. Dass ich bei dem Zitterstrich der späten Zeichnungen Nicolas Poussins auf Morbus Parkinson schließen muss, mag ja sein, und den geschichtlich erst späten Erfolg der Ophthalmologen bei der Korrektur des Astigmatismus werden medizinische Fachhistoriker bestätigen können. Dass der alternde Tizian, zeitgenössischen Berichten zufolge, seine Pinsel mit Besenstielen verlängerte, um mit altersgeschädigten Augen die richtige Arbeitsdistanz zu erlangen, ist eine plausible, wahrscheinlich bislang nicht beachtete Analyse. Das Resultat aber, die modern anmutende Malweise, bleibt für mich das entscheidende Wunder, bei Tizian, bei Rembrandt oder auf seine Weise bei Michelangelo! Insgesamt jedoch erfüllt mich Sohms entmythologisierende, mit angelsächsischem Pragmatismus geschriebene Analyse mit Sympathie. Als eine *Geschichte der Vorurteile über das Alter* versteht Sohm seine Untersuchung und geißelt das vorgefasste Rollenverständnis vom Altersstil.

Für mich bleibt das tragende Problem des alternden Künstlers der Epochenwechsel, die eingangs angesprochene Nichtübereinstimmung von individuellem Lebensrhythmus und geschichtlichem Wandel. Im Oktober 1906 setzte eine Lungenentzündung dem Leben Cézannes ein Ende. Wollte man eine Synopse für dieses Sterbejahr aufstellen, so würde die Unvereinbarkeit der Ereignisse für ein individuelles Bewusstsein zutage treten. Dreyfus wurde rehabilitiert – doch was scherte es Cézanne, obwohl doch der Hauptakteur der Auseinandersetzung, Émile Zola, sein Schulfreund war; die ersten Automobile verkehrten – ob Cézanne je eines gesehen hat, ist zu bezweifeln, er konnte es sich als Erbe eines reich gewordenen Hutmachers (und dann Bankiers) leisten, ab und zu mit dem Kütschchen *aufs Motiv (sur le motif)* zu fahren, wie er sich auszudrücken beliebte. Nichts wird er von der Geisteswende in den Naturwissenschaften gewusst haben, nichts von Planck, Einstein, Ehrlich. Dennoch markieren seine Werke auch eine große Geisteswende! Das ist die Unvereinbarkeit der Zeitgenossenschaft; die später Geborenen lesen eine solche Simultaneität anders.

Zu diesem Wandel von Zeitbegriff und Gestaltungsprinzip – weit über den ständigen, gewissermaßen natürlichen Wechsel der individuellen Künstlerhandschriften hinaus – sei ein Beispiel aus meinem eigenen Erfahrungsbereich skizziert. Da meißelt eine Bildhauerin ihr Selbstportrait aus einem Block – was auf den ersten Blick einigermaßen konventionell wirken könnte. Wenn man aber nun erfährt, dass das bearbeitete Material weder Marmor noch Granit, noch Muschelkalk ist, sondern ein mit findiger Geduld herbeigeschaffter Natursalzblock, dann stutzt man doch und ahnt die aufwendige Arbeitsstrategie. In einem Hirschgehege aufgestellt, den leckenden Zungen der Tiere preisgegeben wie den Wetterein-

Michelangelo Buonarotti, Pietà. Santa Maria del Fiore, Florenz.
In seinem 72. Lebensjahr (1547) begann Michelangelo die Arbeit
an dieser Pietà, die laut Giorgio Vasari für sein eigenes Grabmal
vorgesehen war. Sieben Jahre später brach er diese Arbeit ab, begann
aber eine zweite Pietà, die sogenannte Pietà Rondanini, an der er
bis wenige Tage vor seinem Tod gearbeitet hat. Das «Infinito»
Michelangelos erinnert an das Unfertige von Cézannes Spätwerken.

wirkungen ausgesetzt, wird man die zwangsläufige Folge der Methode begreifen und doch irritiert sein: Von der ganzen sorgsam geplanten Mühe bleibt nach Ablauf eines Winterhalbjahres keine Spur – es sei denn man wollte die dokumentarisch in Zeitintervallen aufgenommenen Videoaufnahmen als solche werten. Der Salzblock löste sich auf. Der Künstlerin, Maria Buchner, einer ehemaligen Schülerin von mir, war die berühmte Geschichte von Lots Frau, die zur Salzsäule erstarrt, in Genesis 19,26 auf meine vorsichtige Andeutung hin wie selbstverständlich präsent. Das Moment des Vergehens, völligen Verschwindens, war die Hauptabsicht ihres aufwendigen Tuns.

Hier kommt mir unvermittelt ein konträres Beispiel in Erinnerung, wie ich von meinem Meister Heckel gelernt hatte, Proben von selbst angeriebenen Farben auf einem langen Teststreifen, ans Atelierfenster geheftet, dem Sonnenlicht auszusetzen – wir hatten uns ja keineswegs praxisfern nur über Kunst- und Literaturgeschichte unterhalten! Nach einem halben Jahr waren deutliche Unterschiede abzulesen; man sah, welche Farben lichtecht waren und welche nicht. Auf den ersten Blick galt mir das Verfahren als Handwerkerredlichkeit, später erst kam mir die Entelechie – so feierlich muss ich das hier formulieren – zu Bewusstsein: Wenn man selbst nicht mehr Erdenbürger ist, dann soll doch die Spur des Werkes bleiben, dauerhaft und genau, ein Karmin soll noch so leuchten, wie es gemeint war, und ein Ocker seine sonore Farbkraft wahren, wie sie einmal angelegt war.

Wie sehr sich das Verhältnis zur Dauer in der Kunst verändert hat, kann man auch an einem anderen Beispiel ermessen, das sich zunächst auch nur auf die ganz stoffliche Natur zu beschränken scheint. Ich rede hier von meiner eigenen Arbeit nur insofern, als ich summarisch mitteile, dass ich Kupferstiche mache, Medaillen schneide, aber vor allem modelliere, sowohl kleine Figurationen wie größere Arbeiten, die ich von Fall zu Fall in Bronze gießen lasse. Man bedenke nun das Alter der Materialien und ihrer Methoden, wie immer ich sie nach meiner individuellen Handschrift auch gebrauche. Die geschichtlich erste Medaille wurde 1439 in Oberitalien modelliert – selten kann man ein Anfangsdatum und dessen ersten großen Meister, Antonio Pisanello, so genau benennen. Der Kupferstich ist dagegen in den allerersten Anfängen halb oder ganz anonym – jedenfalls aber, darauf läuft hier die Wertung hinaus –, just aus der gleichen Zeit, dem 15. Jahrhundert, und ist damit vergleichsweise modern, gemessen an der Kunst des Bronzegießens, die in der Zeit Homers bereits im Schwange war, aber auch damals schon als alles andere als eine Novität gelten konnte. Führe ich mein wichtigstes Arbeitsmaterial ins Feld, den geschmeidigen Ton, den ich in der Regel in meinem Brennofen brenne, so weist die Genealogie dieser Methode noch viel, viel weiter in die Tiefen der menschlichen Geschichte zurück. Mit anderen Worten, von meinen Arbeitsmethoden her gesehen bin ich völlig einer archaischen Welt verhaftet. Diesen Befund ändern auch nicht akzidentielle Umstände wie der Gebrauch einer Elektronik zur differenzierten Steuerung des keramischen Brennvorganges oder die Verwendung hydraulischer oder elektrischer Hilfen zum Heben von Lasten.

Gesellt sich zu dieser von der gegenwärtigen Welt abgekoppelten Produktionsweise auch noch eine völlig veränderte Auffassung von der Beständigkeit, die einem Werk zugemessen sein soll, so wächst in mir das Gefühl einer Entfremdung von der gegenwärtigen Szene. Sollte ich als Denkmalbildhauer – als solcher verstehe ich mich zu einem wichtigen Teil meiner Hervorbringungen – auf das Moment der Dauerhaftigkeit verzichten müssen, sähe ich mich meiner Geschäftsgrundlage beraubt. Dass die Zeit über einen hinweggeht, ist ein altes Lied, das ich hier aber nicht als Klage über meine individuelle Situation verstanden wissen will. Es sei angestimmt als Beispiel für eine, wie mir scheint, überindividuelle, typische Alterserfahrung des Künstlers.

Eine auch noch so summarisch gefasste Einheitlichkeit des Stilgefühls, letztlich der Weltauffassung, wie sie beispielsweise von der Zeit des Barock angenommen wird, ist vielleicht nur ein willkürliches Konstrukt, das keiner genaueren Betrachtung standhält. Ein gutes Beispiel dafür ist Martin Luther. Meist gilt er als ein Held der Geschichte, *im guten und bösen als Vater der modernen Welt*. So referierte der Historiker Thomas Nipperdey diese Auffassung, wertete sie als überholte Ideologie und führte mit Rückgriff auf Ernst Troeltsch, der schon vor hundert Jahren (1906) den Bruch zwischen Luther und der modernen Welt aufgezeigt hat, aus: «Luther gehört zum Mittelalter; die moderne Welt der Rationalität, des Individuums, der Demokratie, sie ist im 18. Jahrhundert entstanden, da liegt die große Epochenscheide der Weltgeschichte; und die Sozialgeschichte zeigt, daß sich erst damals (um 1800) das Leben und Denken der Menschen fundamental verändert hat, da fängt die Modernität an.» (Nachdenken über die deutsche Geschichte, München 1986) Wo ordne ich nun Luther ein?

Nun sage mir keiner, dass das zu weit hergeholt, dass Luther überhaupt singulär und zu Vergleichen schwer tauglich

Claude Monet, Seerosen, Portland, Portland Art Museum.
Diese Variation über Monets Lieblingsthema ist 1920/21 entstanden,
in der letzten Lebensphase des Künstlers.

sei: Mir geht es hier nicht um allgemeine Geschichtsinterpre-
tationen. Ich will nur ein strukturelles Problem aufzeigen, das
für uns Künstler ganz konkrete, ja bezogen auf unsere kleine,
persönliche Welt existenzielle Züge annehmen kann.

Ich beziehe mich besser, allein schon wegen ihrer erhellen-
den Anschauungskraft, auf eine der großen historischen Figuren der Kunstgeschichte. 1926 stirbt Claude Monet. Mit
seinen 86 Jahren überlebt er den im gleichen Jahr geborenen
Auguste Rodin um neun, den nur ein Jahr älteren Paul
Cézanne gar um zwanzig Jahre. Drei Jahre vor seinem Tode

hat er noch eine Augenoperation gut überstanden, bis in seine allerletzten Lebensjahre reicht sein reiches malerisches Werk. Nach allgemeiner Übereinkunft markiert sein Œuvre vor allem neben diesen beiden Altersgenossen die «Epochenscheide» der Kunstgeschichte, um mich des einprägsamen Begriffs Nipperdeys zu bedienen. Vor allem ist es das Alterswerk, das hier zählt.

Kann ich aber nicht mit gleichem Recht, wenn der Pulverdampf der Geschichte sich etwas gelichtet hat, gerade Monet als den letzten Vertreter der großen, *alten* Malerei preisen, der das letzte Belcanto wunderbaren Farbvortrags anstimmte, das in dieser Erfülltheit nicht wiedergekommen ist, ja das man offenbar bisher nie mehr in dieser (analytischen) Differenziertheit überhaupt auskosten will. Die stilistische Distanz von Monet (1840–1926) zu Tizian (1488–1576) ist nach meinem Empfinden eher geringer als die vieler Maler des 20. Jahrhunderts zu Monet. Mir fällt da wieder der *alte* Heckel ein. Wie viele gewissermaßen vitale Hinweise hat er mir auf Vertreter der vergangenen Kunst gegeben: Meine Liebe zu Velázquez beispielsweise hat er, nicht irgendein kunsthistorisches Seminar, geweckt. Aber bei aller Offenheit – bei den Impressionisten bockte Heckel, da wurde er unduldsam. Er, der sich eher als ein orphischer, als ein kündender Maler verstand, unterstellte der zu seiner Zeit noch nicht ganz verloschenen Vorgängerepoche einen inakzeptablen Hedonismus und setzte sich geradezu moralisch entrüstet von der vermeintlich oberflächlichen Augenlust der Belle Époque ab. So jedenfalls verstand ich den guten Meister, der mich so oft ermuntert hatte, aber mit geradezu moralischem Aplomb tadelte, als ich ihm einmal eine unmittelbar nach der Natur jugendlich-überschwänglich angelegte Farbskizze zeigte: Das ist ja *impressionistisch!* Deutlich pejorativ war das gemeint; heute muss ich bei dem Gedanken lachen, dass der Expressionist damit im Grunde zu dem abwertenden Urteil des 19. Jahrhunderts zurückkehrte.

Die Abgrenzungen dieser Epochenbegriffe lösen sich zusehends auf. In einem bisher nie da gewesenen Ausmaße bestehen in der bildenden Kunst gegensätzliche Wertungen nebeneinander, was die Auffassung von Fläche, Raum, Körper, Wirklichkeitsnähe oder Wirklichkeitsferne anbetrifft. Ebenso gehen die Meinungen auseinander über Abstraktion und Invention (Hartlaub schied bewusst diese Kategorien) und was derlei Divergenzen und Konvergenzen mehr sein mögen. Das dialektische Verhältnis der Photographie zur Kunst trägt das ihre zu der heutigen Diskontinuität des Kunstbegriffs bei.

In welcher Epoche also lebe ich, wenn ich das Geschenk eines langen Arbeitslebens zu tragen habe? Der Konflikt ist unausweichlich. Entwickelt man sich von dem fort, womit man sich einmal Geltung verschafft hat, ist es nicht recht; gleicht man sich mit chamäleonhafter Eile der sich schnell verändernden Gegenwart an, so ist es auch nicht recht. *Gleicht euch nicht dieser Welt an!* lautet der biblische Rat im 12. Kapitel des Römerbriefs. Versuche ich dieses Wort des Paulus recht zu verstehen, kann ich den Urtext auch wörtlicher übersetzen mit: *Macht euch nicht das Schema dieses Äons, dieser Zeit, zu eigen!*

Mir kommt eines der wunderbarsten Gedichte Gottfried Benns aus seinen letzten Jahren noch einmal in den Sinn. Scheinbar leicht beginnt es, wie auf dem Barhocker vor sich hin gebrabbelt:

Meinen Sie Zürich zum Beispiel
sei eine tiefere Stadt,
wo man Wunder und Weihen
immer als Inhalt hat?

Meinen Sie, aus Habana,
weiß und hibiskusrot,
bräche ein ewiges Manna
für Ihre Wüstennot?

Das rastlose Gedicht kommt, mit der Aufzählung von Aller-
weltszielen buchstäblich in Fahrt, wird auf einmal schwer
und schließt mit dem Vers:

Ach, vergeblich ist das Fahren!
Spät erst erfahren Sie sich:
bleiben und stille bewahren
das sich umgrenzende Ich.

EBERHARD JÜNGEL

Hoffnung für das Alter

«Die Hoffnung für das Alter» gibt es nicht. Wie es denn auch die Hoffnung für das, was die alten Griechen die Blütezeit des Lebens nannten, und die Hoffnung für die Kindheit nicht gibt. Aber es gibt Hoffnung für junge Menschen, für erwachsen gewordene Menschen «im besten Lebensalter» und für alte Menschen, für alt und immer noch älter werdende Menschen. Ja, es gibt auch Hoffnung für den sterbenden Menschen. Jedenfalls behauptet das der christliche Glaube, der aus sich selber eine Hoffnung heraussetzt, die nach Römer 5,5 «nicht zuschanden werden lässt». In dieser Behauptung spricht sich allerdings ein dem christlichen Glauben eigenes, ihm eigentümliches Verständnis von Hoffnung aus, das sich markant von dem unterscheidet, was man im Allgemeinen «Hoffnung» zu nennen pflegt.

Dieses spezifisch christliche Verständnis von Hoffnung hat der Theologe zu bedenken und zur Geltung zu bringen, wenn er etwas beitragen soll zu der Frage, inwiefern und worauf alte Menschen hoffen können.

Um das spezifisch christliche Verständnis von Hoffnung möglichst präzise zur Sprache bringen zu können, empfiehlt sich ein Rekurs auf das, was ich das allen Menschen eigentümliche «Existenzial der Hoffnung» nennen möchte, also ein Rekurs auf jenes Hoffen, das zur Struktur der menschlichen Existenz gehört. Danach soll dann an die Eigenart des christlichen Hoffnungsbegriffs erinnert werden, für den es wesentlich ist, dass der Glaube die Hoffnung generiert. Demgemäß soll dann drittens Gott als der den Glaubenden gegenüber nicht nur Frühere, sondern auch Spätere zur Sprache kommen. Viertens wird von Gott als Grund und Inhalt der Hoffnung die Rede sein. Und schließlich soll fünftens die Endlichkeit des irdischen Menschenlebens thematisiert werden.

1. Hoffnung als Existenzial

Ohne Angst und ohne Hoffnung zu sein ist gleichermaßen unmenschlich.[1] In Angst und Hoffnung meldet der Mensch sein Recht auf Zukunft an, reklamiert er kommendes, zukünftiges Dasein. Insofern ist Hoffnung in gleichem Maße wie die Angst, wenn auch in anderer Weise, eine die menschliche Existenz fundamental bestimmende Struktur, also so etwas wie ein Existenzial. Der Mensch kann gar nicht anders, er muss sich hoffend auf Zukunft hin entwerfen.

> Die Hoffnung führt ihn ins Leben ein,
> Sie umflattert den fröhlichen Knaben,
> Den Jüngling locket ihr Zauberschein,
> Sie wird mit dem Greis nicht begraben,
> Denn beschließt er im Grabe den müden Lauf,
> Noch am Grabe pflanzt er – die Hoffnung auf.[2]

Doch so verstanden ist Hoffnung nur eine formale Struktur menschlicher Existenz. Sie treibt den Menschen über sich hinaus; aber sie sagt nicht, wohin. In die Zukunft, gewiss. Aber in was für eine Zukunft? Darüber schweigt die als Existenzial verstandene Hoffnung. Sie ist Hoffnung auf Zukunft, mehr nicht. Als solche ist sie aber nicht von einem konkreten Hoffnungsgut, nicht von einer Bestimmtheit des Daseins besetzt. Sie ist unbesetzte Hoffnung, *spes vagans*. Als bloßes Existenzial des natürlichen Menschen verstanden geht die Hoffnung auf das reine Sein. «Das reine Sein und das reine Nichts ist» nach Hegels wohlbegründeter These jedoch «dasselbe».[3] Als Hoffnung auf das reine Sein wäre sie Hoffnung auf – nichts.

Soll die der menschlichen Existenz naturaliter eigene Hoffnung auf *etwas* gehen, soll sie sich als konkrete Hoffnung auf ein bestimmtes Hoffnungsgut richten, dann muss das Existenzial der Hoffnung existenziell werden. Die Mutter hofft, dass ihr Sohn wohlbehalten aus dem Krieg zurückkommt. Der Lernende hofft, dass er das Examen gut oder besser – oder auch überhaupt – bestehen wird.

«Doch Hoffen und Harren hält manchen zum Narren.» Die Spruchweisheit zeigt an, dass die Hoffnung gerade dann, wenn sie sich als konkrete Hoffnung auf ein bestimmtes Hoffnungsgut hin entwirft, erst recht ins Leere gehen kann. Es rächt sich dann sozusagen, dass die Hoffnung mehr sein wollte als Hoffnung auf – nichts. Wer die *spes vagans* irgendwo festmacht, läuft immer auch Gefahr, dass seine Hoffnung enttäuscht wird. Ist aber Hoffnung erst einmal enttäuscht worden, dann gewinnt das Existenzial zwielichtige Züge. Hoffnung kann dann auch als Flucht in die Zukunft erscheinen, mithin als Verfehlung des Anspruches (und des Angebotes) der Gegenwart. Hoffnung kann nun auch als eine leere Vertröstung erscheinen, ja als ein Opiat, mit dessen Hilfe man sich aus der peinlichen Gegenwart (und der Verantwortung für sie) hinwegstiehlt. Nicht zufällig knüpft denn auch die Rede von der Religion als «Opium für's Volk» an den Hoffnungscharakter der Religion an.[4] Doch versteht man die *Hoffnung der Religion* als Opiat, dann kann man das mit gleichem Recht für *jede Hoffnung* tun, die die Aufmerksamkeit von der Gegenwart auf die Zukunft verlagert und von der niemand weiß, ob die erhoffte Zukunft jemals Gegenwart wird. Je präziser sich die Hoffnung auf etwas richtet, desto enttäuschbarer wird sie. Und je öfter Hoffnung enttäuscht wird, desto mehr gerät das Existenzial der Hoffnung in den Verdacht, wirklich nichts anderes sein zu können als Hoffnung auf – nichts. Hoffnung, die *enttäuscht* wird, *unerfüllte* Hoffnung droht das Hoffen überhaupt zu diskreditieren: so sehr, dass die Hoffnung nicht als ein *Gut,* sondern als ein *Übel* erscheint. In der apokalyptischen Vision 4. Esra 5,4–12 erscheint denn auch unter den Gräueln der Endzeit die Hoffnung, die keine Erfüllung findet, als schreckliche Krönung des Ganzen: «Zu jener Zeit werden die Menschen hoffen und nicht erlangen, sich abmühen und nicht zum Ziel kommen.»

Aufgrund dieser Analyse der als Existenzial des natürlichen Menschen verstandenen Hoffnung werden Zweifel wach, ob man die Hoffnung denn überhaupt als ein *Gut* ansehen soll, ob sie nicht vielmehr dem Menschen *schadet.* Die Frage ist innerhalb einer existenzialen Analyse nicht entscheidbar. Es ist der Hoffnung, soweit sie als Existenzial des natürlichen Menschen in Betracht kommt, vielmehr wesentlich, dass sie dem Menschen sowohl Zukunft erschließen als Gegenwart verschließen, sowohl schöpferisch über die Gegenwart hinausführen als auch «die Gegenwart verderben kann».[5] Es ist denn auch bezeichnend, dass der Mythos die Hoffnung als ein ambivalentes Phänomen kennt. Sie hat ein Sphinxantlitz.

Als Beispiel für die ambivalente Einschätzung der Hoffnung mag die Fabel von der Büchse der Pandora gelten.[6] Die Überlieferung der Fabel schwankt – nicht zufällig. Nach Babrios[7] hat Zeus dem Menschen ein Fass geschenkt, das mit allem *Guten* gefüllt war, aber geschlossen bleiben sollte. Der Mensch aber hat, von Neugierde verführt, das Fass geöffnet, so dass aus ihm alles Gute zu den Göttern entfloh. Als angesichts der entfliehenden Güter der Deckel wieder zugeschlagen wurde, blieb nur noch die Hoffnung im Fasse zurück. Die zurückgebliebene Hoffnung, hier also selber ein *Gut*, tröstet seitdem die Menschen über den unwiderruflichen Verlust der *entflohenen* Güter.[8]

Ganz anders scheint Hesiod von der Hoffnung zu denken. Die Fabel von der Büchse der Pandora ist nach der Überlieferung Hesiods jedenfalls sehr viel skeptischer.[9] In der von Hesiod überlieferten Gestalt der Fabel ist die – von Hephaistos auf Geheiß des Zeus geschaffene – Pandora, die den Feuerdiebstahl des Prometheus rächen soll, mit einer Büchse auf die Erde geschickt worden, in der alle *Übel* und *Leiden* enthalten sind. Beim Öffnen der Büchse der Pandora fliegen alle Übel heraus. Aber nun nicht wie in der anderen Variante zu den Göttern zurück, sondern jetzt fliegen sie heraus und beherrschen die Erde. Nur die Hoffnung bleibt drinnen, als der Deckel zurückfällt. Sie erscheint hier also selbst als *Übel*. Und man weiß nicht recht, ob sie dem Menschen vorenthalten werden soll oder ob sie den Menschen über das Ausmaß der über ihn gekommenen Übel hinwegtäuschen soll, also selbst ein Übel ist.

Die schwankende Überlieferung der Fabel lässt die Hoffnung als zutiefst zwielichtig erscheinen. Sie ist da, aber über ihrer Herkunft von den Göttern liegt ein Schleier, ihr letzter Ursprung ist dunkel: Ist sie eine gute Gabe oder eine böse Gabe? Sie bestimmt den Menschen, aber ihre Intention ist ambivalent. Sie lässt ihn hoffen, aber sie sagt nicht worauf. Sie geht ins Unbestimmte und Leere und ist gerade in ihrer Vagheit das Letzte, was dem Menschen geblieben ist. Ohne Hoffnung, so scheint es, kann er nicht leben. Worauf er indessen hoffen darf, kann er nicht sagen. Es ist deshalb von Immanuel Kant zu Recht die Frage «Was darf ich hoffen?» zu einer der drei Grundfragen erklärt worden – neben den anderen beiden Fragen: «Was kann ich wissen?», «Was soll ich tun?» –, die beantwortet werden müssen, wenn sich die Grundfrage der Philosophie soll beantworten lassen können: «Was ist der Mensch?»[10]

2. Zur Eigenart des christlichen Hoffnungsbegriffs

a) Eindeutigkeit christlicher Hoffnung. – Auf dem Hintergrund der Ambivalenz des Existenzials Hoffnung wird die neutestamentliche Behauptung, dass die Heiden «keine Hoffnung haben» (Epheser 2,12), zumindest halbwegs verständlich. Denn für die neutestamentlichen Autoren ist Hoffnung gerade eine Zukunftsbeziehung, die jede Ambivalenz ausschließt. Hoffnung ist per definitionem *begründete Hoffnung*. Das kommt mit besonderer Deutlichkeit in der Auseinandersetzung des Apostels Paulus mit den Gegnern in Korinth zum Ausdruck, die der These anhängen, es gäbe keine Totenauferstehung (1. Korinther 15,12). Hoffnung in diesem Leben ist für Paulus wesentlich Hoffnung auf die Totenauferweckung und insofern Hoffnung auf Gott. Als solche aber ist sie begründete Hoffnung, weil *Jesus Christus* als Erstling von den Toten auferstanden ist. Seine Auferstehung begründet die Hoffnung auf unsere Auferweckung. Insofern ist die Hoffnung sich ihres Hoffnungsgutes gewiss. Die Auffassung aber, es gäbe keine Totenauferstehung, würde die Hoffnung ihrer Gewissheit berauben, und die Ambivalenz der Hoffnung wäre in den christlichen Glauben zurückgekehrt, obwohl der Glaube an den auferstandenen Christus doch gerade die Hoffnung zu einem eindeutig positiven Begriff macht. Es würde sich also um eine Vorspiegelung von Eindeutigkeit bei gleichzeitiger Regredierung in die Ambivalenz der «Hoffnung» handeln. Und damit wären die Christen bemitleidenswerter als alle Menschen. Sie hätten sich selbst betrogen.

Johann Sebastian Bach hat den theologischen Zusammenhang der christlichen Auferstehungshoffnung mit der Auferstehung Jesu Christi, die die Valenz seines Heilstodes offenbart, musikalisch überaus eindrucksvoll zur Geltung gebracht. In seiner Hohen Messe in h-Moll wird die christologisch begründete eschatologische Gewissheit der Glaubenden dadurch zum Ausdruck gebracht, dass das *et exspecto resurrectionem mortuorum et vitam venturi saeculi* (Und ich erwarte die Auferstehung der Toten und das Leben der künftigen Welt) des dritten Artikels des Credo das *et resurrexit ...*

(Und er ist auferstanden) des zweiten Artikels aufnimmt. Und das *et exspecto* ist in dieser Messe eben deshalb eine so strahlende Erwartung, weil es der eschatologischen Herrlichkeit des christologischen *et resurrexit* nicht nur korrespondiert, sondern sich von ihm begründet, getragen und in Bewegung gesetzt weiß. Der Sieg Jesu Christi über den Tod macht die Erwartung der kommenden universalen Totenauferweckung und des ewigen Lebens zu einer siegesgewissen Hoffnung.

b) Bestätigung durch eine Differenz im Sprachgebrauch. – Das christliche Verständnis der Hoffnung als einer eindeutig positiven Zukunftsausrichtung zeigt sich auch in einer bemerkenswerten Differenz des Sprachgebrauches. Während in der griechischen Antike «Hoffnung» entweder durch den Kontext oder durch Attribute wie «gute» bzw. «schlechte» allererst als guter oder schlechter, positiver oder negativer Zukunftsbezug (Erwartung einer guten oder schlechten Zukunft) gekennzeichnet werden muss, ist «Hoffnung» im Neuen Testament als solche «gute Hoffnung». Sophokles nennt in der *Antigone* die Hoffnung «schweifend»,[11] so dass gilt:

> … die schweifende Hoffnung wird
> vielen Menschen Quelle des Segens,
> viele aber verführt sie zu leichtsinnigen Wünschen;
> sie kommt über den, der nichts weiß,
> bis an der Glut er den Fuß sich verbrannt hat.[12]

Für Platon ist die Hoffnung der Zukunftsbezug der Seele, der aber positiv oder negativ besetzt werden kann, so dass es «gute Hoffnungen» oder «schlechte Hoffnungen» gibt.[13] Und

so hatte denn der platonische Sokrates die aus dem philoso-
phierenden Leben resultierende Hoffnung über den Tod hinaus auch nicht einfach als «Hoffnung», sondern als «gute
Hoffnung» bezeichnet.[14] Für die neutestamentlichen Autoren
hingegen bedarf es dieser Präzisierung nicht. Und die Rede
von einer «schweifenden Hoffnung», einer *spes vagans*, ist
ihnen ganz und gar fremd, erst recht die Rede von einer
«schlechten Hoffnung». Hoffnung ist im Neuen Testament
per definitionem gute Hoffnung. Warum ist das so?

3. Gott als der den Glaubenden
gegenüber nicht nur Frühere, sondern auch Spätere

Glauben heißt: sich selbst ganz und gar auf Gott verlassen, und zwar so, dass man aus sich herausgehen und sich
selber wirklich verlassen kann. Glaubend findet die menschliche Existenz außerhalb ihrer selbst ihren sie begründenden
und festmachenden Grund in Gott. Insofern hat die Existenz
der Glaubenden eine ausgesprochen ek-zentrische Struktur.
Es gehört aber zur Eigenart des göttlichen Grundes, auf den
sich der Glaubende verlässt, dass er nicht nur der den Glaubenden gegenüber zeitlich Frühere ist. Er ist auch der den
Glaubenden gegenüber Spätere: Er kommt auch aus der Zukunft auf die gläubige Existenz zu.

Dass Gott als Grund der menschlichen Existenz auch aus
der Zukunft auf diese zukommt, versteht sich rein formal
gesehen nicht von selbst. Denn im Horizont der Temporali-
tät erscheint der Grund (das *principium*) als das Frühere, das
einem Späteren, das er begründet, vorangeht. Und in diesem

Sinne heißt Gott in der biblischen Überlieferung Alpha (Apokalypse 1,8a; 21,6; 1,8b; 4,8; 21,6). Ist das menschliche Dasein in diesem ihm gegenüber Früheren fest gegründet, dann hat es sozusagen Rückgrat, dann hat es im Rücken einen unverbrüchlichen Halt. Dessen könnte sich der Glaubende in der Situation der Anfechtung dann trösten. Angesichts der Bedrohung durch die irdisch noch herrschenden Mächte, also in seiner zeitlichen Gefährdung, wäre der Glaube dann gleichsam nach rückwärts orientiert. Doch dies nun eben so, dass der Grund des Glaubens *Zukunft* aus sich heraussetzt. Deshalb begegnet bereits innerhalb der auf den Glaubensgrund *rückverweisenden* Tröstung des angefochtenen Glaubens *die noch ausstehende Zukunft*. Und über diese Zukunft ist *bereits entschieden*. Über sie ist jedenfalls insoweit bereits entschieden, als derselbe Gott, der der Grund, das Alpha, ist, zugleich auch der Kommende (Apokalypse 1,8; 4,8), das Omega (Apokalypse 1,8; 21,6), das Telos (Apokalypse 21,6) ist. Weil Gott selbst als der Grund zugleich der kommende Gott ist, deshalb vollzieht sich die Tröstung der Christen im Horizont der Zeitlichkeit nicht nur als Stärkung des Rückgrates, sondern zugleich als Aufrichtung der in die Zukunft gerichteten Hoffnung. Der Gott des Trostes, dessen der angefochtene Glaube vergewissert wird, ist auch der Gott der Hoffnung. Und wie man auf den Gott des Trostes glaubend zurückkommen kann, so kann man dem Gott der Hoffnung hoffend entgegenharren.

4. Gott als Ursprung und Inhalt der Hoffnung

Gott selbst ist demnach sowohl Ursprung der Hoffnung als auch Inhalt der Hoffnung. Es ist entscheidend, dass dieser Nagel sitzt. In seiner gegenwärtigen Drangsal oder Bedrängnis greift der Christ nicht auf irgendetwas – und sei es «Religion», sei es die Kirche – zurück, das ihn trösten könnte, sondern er kommt auf Gott selbst zurück. In seiner gegenwärtigen Anfechtung greift der Christ nicht nach irgendetwas – und sei es die faszinierendste Utopie – aus, auf das er hoffen könnte, sondern er lässt sich von Gott selbst zur Hoffnung ermutigen, um auf ihn und nur auf ihn seine Hoffnung zu setzen. Die Hoffnung der Christen kommt von Gott selbst, und die Hoffnung der Christen richtet sich auf Gott selbst. Dabei heißt Gott selbst zugleich immer auch: Gott allein.

Kommt aber die Hoffnung von Gott selbst und von Gott allein und richtet sich die Hoffnung auf Gott selbst und auf Gott allein, dann ist sie, mit Luther zu reden, «spes purissima in purissimum deum» (nichts als reine Hoffnung auf nichts als Gott allein).[15]

Hoffnung auf nichts als Gott – das besagt allerdings nicht, dass der ewigreiche Gott nicht den zu ihm gehörenden Reichtum mit den auf ihn Hoffenden teilen will. So bitten denn ja die, die auf Gott und nur auf Gott hoffen, auch um das Kommen des zu ihm gehörenden Reiches Gottes: Dein Reich komme! Hoffen wir auf den ewig lebenden Gott, dann hoffen wir zugleich darauf, dass Gott uns an seinem ewigen Leben teilgeben, dass er mit uns zusammen leben will for ever and ever.

Doch diese Hoffnung kann das menschliche Ich sich nicht selber zusprechen. Sie wird ihm zugesprochen, nämlich im Evangelium von Jesus Christus, in dem nach 2. Korinther 1,19 nicht Ja und Nein, sondern in dem Gottes Ja und nur dieses Ja sich ereignet: Ja zu den Juden und Ja zu den Heiden; Ja zu den Herren und Ja zu den Knechten; Ja zu den Männern und Ja zu den Frauen; Ja zu den Jungen und Ja zu den Alten. In diesem christologischen Ja definitiver Anerkennung des Menschen durch Gott gründet die *Würde* des Menschen, die anzutasten Gott selber verwehrt. Und mit diesem sie alle anerkennenden Ja, mit ein und demselben Ja wird allen Menschen ein und dieselbe Hoffnung zugesprochen: die Hoffnung auf den ewigreichen Gott und auf das, was er mit sich bringt.

Doch ist dann die spezifizierende Rede von der Hoffnung speziell für die Alten nicht theologisch verfehlt?

Diese scheinbar logische Folgerung ignoriert einen elementaren hermeneutischen Sachverhalt. Sie ignoriert den schon den Scholastikern vertrauten hermeneutischen Grundsatz «quidquid recipitur secundum modum recipientis recipitur» (Was rezipiert, was aufgenommen wird, das wird in der Weise des Rezipienten, das wird in der Weise des Aufnehmenden aufgenommen). Das gilt auch für die dem Menschen zugesprochene Hoffnung auf das göttliche Ja, das in Jesus Christus bereits Ereignis geworden ist.

Ein junger Mensch rezipiert diese Hoffnung in der Weise eines jungen Menschen, ein alter Mensch in der Weise eines alten Menschen. Ein junger Mensch rezipiert sie vermutlich so, dass er mit der Hoffnung auf ewiges Leben zugleich die sich ihm ja erst öffnende irdische Zukunft mit den sich ihm in dieser irdischen Zukunft erschließenden Möglichkeiten als von Gott bejaht versteht und sie entsprechend zu gestalten trachtet.

Ein alt gewordener Mensch rezipiert die ihm zugesprochene Hoffnung auf das göttliche Ja zu einem ewigen Zusammenleben mit Gott hingegen wohl eher so, dass er die ihm näher rückende Grenze seines irdischen Lebens und die sich in der verbleibenden Lebenszeit immer mehr bemerkbar machende Begrenztheit des eigenen Lebens als von Gott bejaht begreift und deshalb – und sei es denn unter Seufzen – seinerseits bejaht. Jedenfalls stellt sich nun doch die spezielle Frage nach der Hoffnung im Alter.

Wir kehren damit noch einmal in den eingangs bereits beachteten Zusammenhang einer Phänomenologie des Lebens zurück, nun speziell unter dem Gesichtspunkt der Begrenztheit unseres irdischen Lebens.

5. Die Endlichkeit irdischen Lebens

Der griechische Arzt Alkmaion aus Kroton (um 500 v. Chr.) hat – nach einem ihm von Aristoteles[16] zugeschriebenen Satz – behauptet: «Die Menschen gehen deshalb zugrunde, weil sie den Anfang nicht mit dem Ende zusammenbringen (verknüpfen) können.» Der Satz, von dem Aristoteles sagt, dass er nur im Groben wiedergebe, was Alkmaion gemeint habe,[17] will das besondere Geschick der Menschen – im Unterschied zum Sein der Götter und der anderen Dinge[18] – herausstellen. Für die göttlichen Bewegungen der Gestirne am Himmel gilt nach Alkmaion, dass sie Anfang und Ende zu verbinden vermögen. Ihr Kreislauf ist ewig. Aber auch der Rhythmus von Tag und Nacht oder die Vegetation verbindet das Ende jeweils mit dem Anfang: zu einer ewigen Wiederkehr des Gleichen. Nicht so der Mensch! Je mehr er sich von seinem Anfang entfernt, desto beherrschender wird das ganz gewiss kommende Ende. Und je mehr er sich dem Ende nähert, desto ohnmächtiger und bedeutungsloser wird der Anfang. Den Anfang hat er immer schon hinter sich: je länger, je mehr. Das Ende hat er immer nur vor sich. Aber wenn das Ende da ist, ist er nicht mehr da. So kann der Mensch Anfang und Ende nicht zusammenbringen. Deshalb muss er zugrunde gehen.

Max Scheler hat denselben Sachverhalt sozusagen von innen, aus den dem menschlichen Leben immanenten Gewissheiten zu analysieren versucht. Er schreibt: «Für den Jüngling und Knaben steht seine ... Zukunft da wie ein breiter, heller, ins Unabsehbare sich erstreckender glänzender Gang, ein ungeheurer Spielraum in der Erlebnisform ‹Erlebenkönnen›, in den Wunsch, Verlangen, Phantasie tausend Gestalten malt. Aber mit jedem Stück Leben, das gelebt ist ..., verengert sich fühlbar dieser Spielraum des noch erlebbaren Lebens.» Es kommt zu einem Wechsel, der erfahren wird als ein Richtungswechsel, insofern nun die Zukunft erlebbaren Lebens stetig aufgezehrt wird «durchs gelebte Leben und seine Nachwirksamkeit». Scheler nennt dies «das Erlebnis der Todesrichtung» des eigenen Lebens. «Auch wenn wir ... durch äußere Wahrnehmung unserer Runzeln und weißen Haare ... unser Altern» nicht «bemerken, so wären wir durch dieses Erlebnis der Todesrichtung unseres Lebens des Todes gewiß.»[19]

Diese Gewissheit kann lähmen. Sie kann aber auch die Phantasie zu Gegenentwürfen stimulieren, die gegen diese Gewissheit gleichsam protestieren und mit denen der sogenannte natürliche Mensch – oder sagen wir besser: der alte, aber nicht alt sein wollende Adam – nun doch noch Anfang und Ende zusammenbringen will.

Solche eschatologischen Gegenentwürfe können sich mythologisch in eine einzige Metapher wie zum Beispiel in die vom Jungbrunnen zusammendrängen. Sie können im Mythos vom wiederkehrenden goldenen Zeitalter Gestalt gewinnen wie zum Beispiel in der vierten Ekloge Vergils. Eschatologische Gegenwelten konnten aber auch in der Gestalt eines von aller Qual des Daseins erlösenden Nirwana beziehungsweise als positives Gegenstück zur bedrohenden Endlichkeitserfahrung in Gestalt einer akosmischen erlösenden Versenkung in das Nichts vorgestellt werden. Die eschatologische Gegenwelt muss zudem keineswegs immer eine futurisch kommende sein. Sie kann auch in äußerster Konzentration auf die Gegenwart die Gestalt einer philosophischen Absolutsetzung des Augenblicks, des Jetzt, zum *nunc stans* beziehungsweise *nunc aeternum* annehmen. In nochmals anderer Gestalt stellt sich die der Endlichkeitserfahrung standhaltende Gegenwelt im weltlosen Seelen-Funken der Mystiker dar. «Wenn sich der Mensch abkehrt von sich selbst und von allen geschaffenen Dingen – so weit du das tust, so weit wirst du geeint und beseligt in dem Fünklein in der Seele, das weder Zeit noch Raum je berührte. Dieser Funke widersagt allen Kreaturen und will nichts als Gott, unverhüllt, wie er in sich selbst ist.»[20] Selbstverständlich kommen hier auch die immanentistisch ausgerichteten Zukunftsutopien in Betracht, die aus der Erfahrung irdischer Bedrängtheit und Enge sozialutopische Gegenwelten entwerfen, auf die hinzuarbeiten dann als das Gebot der Stunde proklamiert wird.

Die christliche Theologie hat solche Gegenentwürfe gegen die Gewissheit, dass es ein Ende mit mir hat und ich dahin muss (vgl. Psalm 39,5), aufmerksam zu studieren und die in ihnen vielleicht enthaltene *particula veri* zu respektieren. Doch sie darf die Gewissheit der eigenen Endlichkeit nicht retuschieren. Sie hat vielmehr darauf zu bestehen, dass der Glaubende gerade angesichts der Gewissheit der eigenen Endlichkeit keine andere Hoffnung hat als die Hoffnung auf Gott selbst. «Und nun, was habe ich zu hoffen, Herr? Meine Hoffnung ist allein bei dir.» (Psalm 39,8)

Diese Hoffnung aber befreit dazu, den jeweiligen Lebensabschnitt mit seinen ihm eigenen Möglichkeiten, aber eben auch mit seinen ihm eigenen Begrenztheiten zu bejahen. Wenn dem alten Menschen dieselbe Hoffnung zugesprochen wird wie dem jungen Menschen, dieselbe Hoffnung vom alten Menschen aber eben in der Weise eines alten Menschen rezipiert wird, dann wird es dem alten Menschen möglich, «die Dinge der Jugend mit Grazie aufzugeben».[21]

Der große Schleiermacher war dazu nicht bereit. Da nach seinem Urteil nur der Körper, nicht aber der Geist altert, erklärt er hochgemut: «Ich will nicht sehn die gefürchteten Schwächen des Alters, kräftige Verachtung gelob ich mir gegen jedes Ungemach, welches das Ziel meines Daseins nicht trifft, und ewige Jugend schwör ich mir selbst.»[22] Diesem Schwur entspricht die Entscheidung: Wenn ich nicht mehr in «die Höhe des Lebens hinaufsteige», sondern «das schöne

Verhältnis» sich umkehrt und an die Stelle des Werdens das Vergehen tritt, «so wähle ich lieber den Tod, als in langem Elend anzuschauen an mir selbst der Menschheit nichtiges Wesen».[23]

Ich will nicht dieser «Wahl» widersprechen, wohl aber ihrer Begründung. Bloß weil der Schwur auf die ewige Jugend sich als illusorisch erweist, ist das Alter oder vielmehr das Altern nicht unzumutbar. Das gilt jedenfalls für das Altern, das sich nicht «in langem Elend» vollzieht und das damit beginnt, dass das Verhältnis sich umkehrt und ich nicht mehr in «die Höhe des Lebens hinaufsteige». Das Altern hat immerhin seinen ureigenen Charakter, den es nicht nur zu bedauern gilt. Denn den unbestreitbaren Einbußen und Behinderungen können Gewinne zur Seite treten, die eben erst im Alter möglich werden.

Ich meine nicht die in Ciceros *Cato maior de senectute* erwähnte Trias von *dignitas, gravitas* und *auctoritas*, obwohl die auch nicht zu verachten ist. Ich meine vielmehr so etwas wie die *hilaritas* des Alters, zu der auch die Kraft gehört, vergessen zu können. Ich meine aber vor allem die Intensivierung der Wahrnehmung, die sich einstellt, wenn man ahnt oder gar weiß, dass man «zum letzten Mal» gewahr wird, was man sein Leben lang als etwas ganz Selbstverständliches wahrgenommen hat; spätestens jetzt wird es um seiner selbst willen interessant. Wer einen Sinn für Komik hat, mag sich das von mir Gemeinte an dem Couplet verdeutlichen, das Otto Reuter vor etwa hundert Jahren im Berliner Wintergarten gesungen hat und in dem er einige jener positiv zu würdigenden Eigentümlichkeiten des alten Menschen aufzählt, die ihn schließlich zu der an heiratswillige Damen gerichteten

x) Heiterkeit

Empfehlung veranlasst: «Nehm'n Sie 'n Alten, nehm'n Sie 'n Alten!»

Doch es gibt nun eben auch Alterungsprozesse, in denen einem das Lachen für immer zu vergehen droht. Das beziehungsreiche Menschenleben kann seinen Beziehungsreichtum so sehr einbüßen, dass meine Beziehungen zu meiner natürlichen und zu meiner sozialen Umwelt immer mehr zerfallen. Und das kann auch für meine Beziehung zu mir selbst gelten. Vollkommene Beziehungslosigkeit aber ist der Repräsentant des Todes im Leben. Und dann kann Schleiermachers Wahl den Anschein des Hochgemuten und Übermütigen verlieren. Und die Entscheidung gegen das Weiterleben kann eine überaus verantwortungsvolle Entscheidung werden, die allerdings ich über mich zu treffen habe und kein anderer Mensch über mich. Und im Zweifelsfall sollte immer die Regel gelten: *in dubio pro vita.*

Doch man ist keineswegs «ohne Hoffnung und ohne Gott in der Welt» (Epheser 2,12), wenn man zu schwach ist, um noch weiterleben zu können, aber doch noch stark genug, um nicht mehr weiterleben zu wollen. Denn auch wenn alle elementaren Lebensbeziehungen meinerseits ausfallen: Gottes Beziehung zu mir wird nicht brüchig, weder im zu elender Qual werdenden Alterungsprozess noch an dessen definitivem Ende im Tod. Für Gott gibt es keinen hoffnungslosen Fall. Und auch der Älteste ist für ihn nicht veraltet. Warum nicht?

Weil auch der Sünder eine von Gott unwiderruflich anerkannte Person ist und deshalb eine Würde hat, die unantastbar ist. Und zu dieser Würde gehört die Hoffnung, unwiderruflich mit Gott zusammen zu leben. Schon jetzt.

Und dann erst recht. Denn – so hat Luther den alten Hymnus der St. Gallener Mönche kühn umgekehrt – *media morte in vita sumus:* mitten im Tod sind wir vom Leben umfangen: von Gottes Leben, auf das die Glaubenden in der österlichen Gewissheit, dass Christus von den Toten erstanden ist, hoffen.

Die Wut des Alters

Erzählen Sie mir Ihr Leben, sagten Sie einmal, erinnern Sie sich, und ich sagte: Wie denn, woher denn, mein ganzes langes oder mein halbes Leben oder nur ein Stück davon? Und überhaupt: Wer kann schon sein Leben erzählen? Erzählen Sie *aus* Ihrem Leben, sagten Sie. Und das ist heute Nacht mein Glück.

Aus dem Leben erzählen, bedeutet so viel wie nichts. Du hast freie Wahl, bleibst schön unverbindlich, bringst dich aufs Günstigste heraus.

Also werd ich Ihnen nur das Interessanteste berichten, aus der sonst ziemlich öden Praxis eines Feld-, Wald- und Wiesenarztes; nur ein paar Merkwürdigkeiten, Denkwürdigkeiten aus meinem Leben, das – verglichen mit dem Ihren – nun schon reichlich lange angedauert hat. Ein paar Wichtigkeiten und basta!

Aber gab es Wichtigkeiten? Einmal, ja, vor Urzeiten, als junger Dachs, wollte ich Landarzt werden. Weiß der Teufel, welcher Film oder Schmöker mir das vorgegaukelt hatte: eine Existenz in Freiheit, selbstbestimmt und unabhängig. Sah mich da über Felder reiten, tagtäglich von Hütte zu Hütte,

Herr über viele Leben, viele Dörfer; der Doktor, der, jenseits aller Schulweisheit, für jeden armen Schlucker seine eigene Therapie erschafft. Der mittels genialer Erfindungen dem Alter beikommt und selbst dem Tod; der beiden ihre Zeit zuweist; ja, der das Alter überhaupt abschafft!

Es hat nicht sollen sein. Der Traum vom eigenen Pferd zerrann. Der von der unerhörten medizinischen Entdeckung. Bin dann ziemlich lange noch zu Fuß gegangen nach dem Krieg. Spät erst im alten, unheizbaren Cabrio durch zerbombte Vorstadtstraßen geholpert. Ich bin ein Landarzt in der Stadt geworden sozusagen.

Aber auch wieder nicht in der Stadt. Was soll ich Großartiges erzählen, von diesem schwer versehrten Trümmer-Viertel, das sich im Frieden spät erst erholte, dann allerdings fürchterlich. Das sich zu einem der hässlichsten Stadtteile auswuchs, mit nichts als Plattenbauten, Supermärkten, Drogenkellern, mit Pornoshops und Bordellen, alles billig, billig.

Bedaure, Ihnen nur ein ebensolches Leben präsentieren zu können: billig, ereignislos und stets am Rande der Erschöpfung. Ein Dasein ohne Höhepunkte, denn selbst die Hirngespinste meiner Jugendjahre, die spärlichen Herz-Erschütterungen liefen seinerzeit leiser – oder wie sag ichs? – unterirdischer ab. Auch darüber würden Sie nur lachen.

Ich aber will Ihr Gelächter nicht!

Und wonach fragen Sie überhaupt?

Ich werds Ihnen sagen: Was Sie wirklich wissen, was Sie ergründen wollen, ist lediglich das schal gewordene Ende, diese peinlichste Epoche jeden Lebens. Das spektakuläre Scheitern des Helden. Das Schlusskapitel allein interessiert Sie!

Wie übrigens fast alle Jungen heutzutage. Das ist sehr merkwürdig, nicht wahr? Das Geschnüffel in andrerleuts Schicksalsresten. Und es sind fast ausschließlich die Jungen, die danach fragen, oder richtiger: die Noch-nicht-Alten. Ich sprech aus Erfahrung: All diese kerngesunden jungen Götter, sie kommen – was kostet die Welt – mit nichts als einem Kratzer in die Praxis, einem glasklaren Beinbruch, ich schiene den Knochen, ich schreib ein Rezept; sie sind mir dankbar für nichts, oder einfach dafür, dass da einer ist, der sie wahrnimmt – sie ganz speziell –, der ihnen ihre einzigartige Zukunft deutet; da wollen sie gleich noch etwas fragen, man schwatzt noch ein wenig in der Tür; doch für heute wird's nicht, wir halten uns höflich im Allgemeinen.

Erst abends, wenn wir im Biereck zusammensitzen – worauf ich allerdings Wert lege, was längst Tradition hat hier herum –, beenden wir die Therapie. Dann findet die Nachbehandlung statt. Nach dem zweiten Bier, nach ein paar Kalauern hin und her, werden sie zutraulich. Streichen wie unabsichtlich vorbei, machen sich Liebkind: Auf die Gesundheit, Doktor! Und schön die Ohren steifgehalten, weiterhin!

Nach dem vierten Bier werden sie deutlich: Alle Achtung, Chef, in Ihren Jahren!

Oder ohne Worte, dafür unüberhörbar: Wie lange noch, Doktor?

Denn hat man mich früher als Arzt konsultiert, als unanfechtbare Kapazität, stuft man mich heute immer häufiger als Menschen ein. Als trügst du plötzlich mitten auf der Stirn ein Zeichen, ein Kainsmal, von der Zeit verpasst, nein, besser: ein Menschenmal; als waberte etwas um dich herum, eine kränkliche Aura … Und ich ahne, was kommt, ich erwarte sie schon: Die vermaledeite Altersfrage! Natürlich wird sie nie direkt gestellt. Sie schleicht sich hinterrücks an, verpuppt, verkleidet sich, schlägt Haken ... Doch ich, der Doktor, erkenne sie!

Man wird in einem Zustand wie dem meinen ziemlich hellhörig. Als wär da etwas zu verbergen, ein geheimes Laster, eine Art zweiter, verspäteter Pubertät. Warum wird es nicht zugegeben endlich, nicht eingestanden, das fatale Leiden, das einstmals, und selbst zur Zeit meiner Kindheit noch, mit dem Namen «Alter» bezeichnet wurde.

Das man sich allerdings nicht grundlos zuzieht. Dem man ja, davon sind sie überzeugt, zur rechten Zeit, lieber Mann, vorbeugen, das man mit Sicherheit vermeiden könnte.

Die Jungen kennen alles nur vom Hörensagen. Doch das wiederum ganz genau. Sie sind im Bilde über alle Neuerungen, den letzten Stand der medizinischen Forschung, die effizientesten Behandlungen, Untersuchungs-, Operationsmethoden; sie kennen sich im Dschungel der Arzneien aus, der Aufputschmittel, der Antidepressiva; der Tranquillantia, Analgetika, Spasmolytika, der Kardiaka, Hepatika, Corticoida. Sie ziehen Zeitungsausschnitte aus der Tasche, Tabellen lebenswichtiger Substanzen, wie viel an Aufbaustoffen beispielsweise nötig ist, das Wachstum von Muskelmasse anzuregen; sie rechnen dirs aufs Milligramm, aufs Mikrogramm aus; ihr Gehirn funktioniert, sie sind in Fahrt, und wagt einer nur einen schüchternen Einwand, schneiden sie ihm kurzerhand das Wort ab. Sie machen ihn mundtot, um schließlich mir, ihrem Doktor, wenns erlaubt ist, ein paar Ratschläge mit auf den Weg zu geben – ach, welchen Weg? –, Verhaltensmaßregeln, Ernährungsvorschriften, dass es sich keineswegs

einnisten darf, dieses schleichende Unheil, das zwar seinen
Namen, doch nicht seinen Schrecken verloren hat.

So redet sichs auf und ab und im Kreis in dem sticki-
gen Raum, wo stets ein bierdunstgeschwängerter Nebel das
Licht der Lampen trübt, der sich auf die Augen legt und die
Lungen … und doch diese tröstliche Düsternis schafft, die
ausnahmslos an jedem dieser heiligen Orte unseres Viertels
herrscht, am tiefsten Grunde dieser schwarzen Löcher, in die
es uns unwiderstehlich hineinzieht.

Manchmal, in einem lichten Moment, frage ich mich, was
sie umtreibt, die Jungen. Ob Punk, ob Fußballer, ob Doktor
der Philosophie, worauf soll es hinaus?

Auf eine Kraftprobe etwa? Wollen sie sich mit mir messen? Lässt meine Schwäche ihre Stärke wachsen?

Oder sollte es im Gegenteil nur feige Angst sein, Furcht
vor dem Zustand, der nicht Krankheit ist, aber auch nicht
Gesundheit, der jedoch ausarten kann wie die noch immer
drohende Vogelgrippe, die schon wieder virulenten Tuber-
keln.

Ach, es ist nichts von alledem! Sie spielen doch nur! Ein
Spiel, ja, das ist es! Körperspiel, Kopfspiel. Ihr Lebensspiel.
Sie trainieren den Geist, dass er imstande ist, jedwedem Up-
percut des Schicksals standzuhalten. Sie trainieren den Körper, dass er, in Erwartung schlimmer Zeiten, Vorräte für die
Zukunft schafft, ein Depot an Muskelmasse beispielsweise,
dass es auf Jahre, Jahrzehnte reicht, Muskelmasse, Muskelmasse ad infinitum.

Die logische Folge: Sie werden nicht alt. Sie leben ewig.

Ich kann nicht mehr mitspielen. Beobachte meinerseits
schon die Vorgänger. Die Alten, selbst die hoffnungslosen,

moribunden, sie renommieren nicht mit ihren Kenntnissen. Sie wissen besser, was sie brauchen.

Was sie *nicht* brauchen, wissen sie ganz genau.

Und immerfort horchen sie. Sie halten das Glas, ihre letzte Krücke, sie spitzen ihre kleinen bleichen Ohren, sie lachen verschämt zu den Witzen der Jungen, um irgendwann in irgendeiner anderen Finsternis zu verschwinden. Ihre Wunden und Schwären bleiben verborgen. Doch wohin gehen sie in der Nacht? Hätt ich mir doch niemals die Frage gestellt!

Sagte ich nicht, dass es zu meinem Therapiekonzept gehört: die Theke, das Bier, die Düsternis?

Hat es nicht all die Jahre genügt?

Woher dies plötzliche Erschrecken neuerdings?

Das Erwachen am Morgen aus Horrorträumen:

Wer hat geschrien? Wer geantwortet?

Wem hab ich geholfen? Wen geheilt? Was blieb von den genialen Jugendträumen? Einmal, des Nachts, klopfte einer ans Fenster.

Versagensängste. Gedächtnisschwund.

Nur ein paar Floskeln sind mir im Ohr, mit denen ich mich aus der Affäre zog.

Nicht, dass Sie falsche Schlüsse ziehn. Ich bin keineswegs – wie allewelt erwartet – ein Verächter von Floskeln. Eher schon ein Verteidiger. Was wären wir Ärzte ohne sie? Eine Floskel kann, wenn schon nicht helfen, so doch beruhigen. Wenn schon nicht Mut machen, so doch ablenken. Eine gute Floskel kann den Fenstersprung verhindern.

Um ehrlich zu sein: Ich besitze ein beträchtliches Arsenal davon. Ertappe mich sogar von Zeit zu Zeit, Floskeln fürs Sterbebett zu ersinnen. Mit einer Spur von Trauer, versteht sich, einer Dosis Zynismus – nicht zu knapp –, und was ich wünsche, was ich eines Tages zu erreichen hoffe: einer gewissen Heiterkeit am Ende.

Ja, das rate ich meinen Alten: diesen Scherz, sage ich, nicht zu vergessen, den Todeswitz.

Doch da – unerwartet in einer Mitternacht – kamen jetzt Sie, und die Sache wird ernster.

So, denk ich, war es nicht von ungefähr, dass wir uns schworen, offen und unverblümt zu sprechen, über alles, worüber der Mensch sonst nicht spricht. *Ohne Großmäuligkeit*, sagten wir und mussten lachen und sagten: *Schonungslos!* Und: *Die reine Wahrheit!*

Und so sollen Sie es, wie Sie's wünschten, hören: Das Beste, das Schlimmste aus meinem Leben, das *Spektakulärste*, wie's alle Welt will. Also werd ich von meinem Alter erzählen, und Sie – verdammt – werden es aushalten müssen, ob spektakulär oder nicht!

Nein, richtiger: Etwas Spektakuläreres als das Alter gibt es nicht!

Also, es begann ... es begann ...

Ja, wie denn? Und was?

Da haben wirs schon: *Die reine Wahrheit!* Kann mans denn sehn? Kann mans hören? Wo es doch nichtmal mehr seinen Namen preisgibt! Hat es eine Gestalt?

So oder ähnlich sagt es Balanchine, der Tänzer: «Suchst du dich im Spiegel, siehst du nicht den, der du bist, sondern den, der du sein willst.»

Begann es im Sprechzimmer dieses Kollegen, der mir in dürren Worten empfahl, mein schon längst nicht mehr berechenbares Herz durch einen Schrittmacher stützen zu lassen? Auf dass wir, so fuhr es mir durch den Kopf – beide zusammen, das Herz und ich –, wieder zurechnungsfähig würden?

Der Mann machte seine Sache gut. Sprach kurz und knapp, von Fachmann zu Fachmann, hielt sich mit Prognosen zurück, vermied, unliebsame Folgen zu diskutieren. In den Sätzen allerdings, die er meist nicht zu Ende sprach, schwang unüberhörbar ein drohendes Entweder-Oder mit.

Es war wie im Kino. Auch ich, soweit ich mich erinnere, spielte meinen Part passabel.

Schaute, das Urteil bedenkend, noch eine Weile sinnend aus dem Fenster, schlenderte lässig, wie mir schien, zur Tür – nicht ohne der sehr schönen Praxisfee einen verschwörerischen Blick zuzuwerfen. Sie sah mich an und verstand sofort.

Hätte der Mensch mir eine Bluttat vorgeschlagen, das Öffnen des Brustkorbs beispielsweise, eine Metzelei vom Schlüsselbein hinunter bis zur Leiste ... oder schlimmer, mir eine Schweineherzklappe verordnet, ich hätte keinen Augenblick gezögert, seinem Rat zu folgen.

Doch nie und nimmer würde ich ein solches Blechding – ich wusste natürlich, es war aus Titan – in meinem lebendigen Körper dulden; zu keiner Zeit mich dem Diktat einer Apparatur unterwerfen, die mich auf Schritt und Tritt dirigieren, kujonieren, und schließlich unter Kuratel stellen würde.

Die Frau, die behutsam hinter mir die Türe schloss, war tatsächlich zu schön, um nicht zu begreifen: Der Deal würde nicht zustande kommen.

Stattdessen überkam mich auf dem Heimweg plötzlich,

mitten im wildesten Stadtgewühl, eine Art – wie beschreib ichs? – Erleuchtung oder Entgrenzung; der unbändige Wunsch, es noch einmal zu packen, das Restguthaben dieses Lebens nicht, wie üblich, buchhalterisch notdürftig zu verwalten, sondern es mit vollen Händen auszugeben, das Leben noch einmal, noch einmal, groß und erstaunlich zu entwerfen; und so, getragen, getrieben vom Straßenlärm, geriet ich in eine … Begeisterung, eine so nie zuvor gekannte Gedankenbeschleunigung: Tausend sich widerstreitende Ideen schossen mir gleichzeitig durch den Kopf, so dass ich mich fragte, welcher Kleinmut mich bisher gehindert hatte, es auszudenken.

Den Gedanken beispielsweise, in einer windstillen Nacht, wenns an der Zeit ist, mit einer Kiepe, einem Knotenstock auf Wanderschaft zu gehen, wie ichs als Junge auf einem alten Bild beim Großvater gesehen hatte. Es war ein Lackbild: die Frau aus Elfenbein, die ins Gebirge zieht für immer – die Vögel und die bunten Blätter ihr voran.

Warum nicht, fragte ich, in einem Land, wo es noch Winter gibt, zur Nacht bei Frost in einer windgeschützten Mulde einschlafen und – unvermerkt – im Frühjahr zusammen mit dem Schnee versickern?

Warum nicht eines schönen Tages mit dem ersten Flugzeug in den Morgen fliegen nach Westen und weiter, von einem Sonnenaufgang in den anderen?

Verzeihn Sie, so etwa steht es in Büchern, so denkt man sichs in der Nacht zurecht. Doch wir wollten die Phantastereien vermeiden.

Was ich wünschte, wäre, alles, was von jetzt an sich ereignet, gelassen hinzunehmen: das letzte Licht, die letzte Berührung, den allerletzten Augenblick.

Ich war hellwach in dieser Nacht und hätte es der Welt verkünden mögen: Denkt doch, wie leicht es heutzutage ist, leichter als je zuvor, sich zu verabschieden von einer Erde, die, verknöchert und vergreist, kaum noch zu Atem kommt!

Wozu sich an eine Behinderte klammern? Hätten wir fortgemusst, als sie noch jung und strahlend war, wie unsere Großeltern, die Eltern sie noch gekannt hatten, wir hätten Grund gehabt zu lamentieren.

Ich, wenn ich demnächst gehe, ich sag Good bye und mache mich davon. Verlasse sie wie eine alt gewordene Mutter, leichtherzig, mit Bedauern; ich geh, pardon, und dreh mich nicht noch einmal um! Glücklich entwischt!

An diesem Abend, ich erinnere mich, schwor ich mir Freiheit bis zum letzten Atemzug.

Doch wie es mit Schwüren zu gehen pflegt: Leichthin in einer Abendtrübnis ausgesprochen, sind sie im ersten Morgenlicht vergessen.

Kaum dass fünf Wochen vergangen waren, fand ich mich gefesselt, die Beine mit Gummiriemen festgeschnallt, die Arme in einer grünen Zwangsjacke gefangen, auf dem Operationstisch. Lag unter dem Lampengehäuse im scharfen Kunstlicht, die Hände des Arztes über mir – das waren keine fein geäderten Chirurgenhände, sondern schöne viereckige Pranken; es waren Handwerkerhände, die mir augenblicklich Respekt einflößten. Nicht gerade, dass er sie rieb; aber er sagte, er freue sich auf die Arbeit ... So hielt ich die Gedanken an und war von da an ein Stück Holz, ein leichtes Ding, von einem starken Wasser, einem Ozean getragen. Ich fühlte mich gewiegt. Die Welt ging mich nichts an; ich trug für nichts und niemanden Verantwortung, am wenigsten für mich selbst.

Der Operateur, während er so herumhantierte, sprach freundlich zu mir, wie man zu einem streunenden Hund spricht, der einem auf der Straße nachgelaufen ist. Ich war herrenlos. Das war angenehm. Wir tauschten die altbekannten Phrasen. Er brach sogar noch ein Gespräch über «Kunst» vom Zaun – was allerdings ein wenig unter seiner Würde war –, ich nahms dankbar hin; es war gut gemeint.

Das Beste an der Sache war, dass sich der Zustand der Verholzung auch noch zu Hause eine Weile hielt.

In den ersten Tagen dümpelte ich so dahin, sprach mit mir selbst, sah im Spiegel einen Menschen, der, wenn auch beschädigt, wenn auch von einer Maschine gegängelt, sich doch in sein Schicksal zu fügen schien.

Ohne Aufsässigkeit, falschen Stolz; keine Frage des Alters selbstverständlich; der Mensch wird bescheidener mit den Jahren. Ich gefiel mir nicht schlecht.

Zu anderer Zeit, vornehmlich abends, wenn die letzte Sonne für Minuten mein Fenster passierte, wurde ich doch wieder unruhig. Zählte mehrmals mein Geld, studierte Prospekte, die Angebote der Sozialstationen; sah allenthalben junge Altgewordene oder betagte Junggebliebene beim Wandern, beim Krafttraining, singend, tanzend … doch kaum erwog ich, mich irgendeiner Sache anzunähern, womöglich sogar mich einzureihen, gleich fielen mir die Röntgenbilder meiner Alten in der Praxis ein, mit ihren löchrigen Skeletten. Wie mag es sich anhören, musste ich denken, die Geräusche der Knochen beim langsamen Walzer?

«Holz auf Holz, das klingt so gut», hatte der älteste Bruder gesungen, als er fünfundvierzig mit einem Holzbein aus dem Krieg nach Hause kam, und wir Kleinen hatten mitgebrüllt, begeistert! Doch ich schweife ab. Oder etwa nicht? Wie weit reichen die Wurzeln der Gedanken zurück, und wann beginnt die Schicksalsfurcht, dieses menschlichste aller Übel, zu keimen?

Aber hören Sie, bitte, hören Sie weiter, wie es einem erging, der mit einer solchen Melodie im Kopf sich wieder hinaus auf die Straße wagte! War ich zunächst noch wie in Trance gelaufen, wie jemand, der nach langer Krankheit unerwartet ins Leben entlassen wird, hatte die alten Plätze wiedergefunden, die vertrauten Gerüche: die Autoabgase an der Kreuzung; den Geruch des Krüppelfliederbusches im Hof; war mir noch alles, was ich sah, hörte, roch, wie ein Geschenk gewesen, so war es doch von einem Moment zum anderen damit vorbei. Fast hätte ich gesagt: auf einen Schlag. Ich hatte plötzlich, scheinbar ohne Grund, das Gleichgewicht verloren und eine dicke Alte angerempelt, die mich, halb empört und halb geschmeichelt, unlauterer Absicht bezichtigte. Sie rückte mir mit ihrem Krückstock auf den Leib, doch es war nicht die Narbe, die mir von nun an zu schaffen machte, es war die Unsicherheit beim Gehen, die rapide zunahm; eine merkwürdige Taumelei, der weder durch Konzentration noch durch Übung beizukommen war. Ich konnte nicht mehr gerade auf dem Strich gehen, mit dem sich die Steinquader des Trottoirs gegen das Kleingepflasterte absetzen.

Es war das Zeichen.

Das auf keine Weise mehr zu leugnende Alterszeichen, das jeder aufmerksame Mediziner sofort als solches diagnostizieren würde.

Ich aber wollte nicht aufmerksam sein. Ich war zwar versehrt, doch keineswegs hinfällig und, verdammt, noch immer imstande, meine fünf Sinne zu beherrschen!

Sah ich zum Beispiel Karl, den Tarzan aus dem Möbelladen gegenüber, kommen, geradewegs stracks auf mich zu, hielt ich mich stur in der Mitte, keinen Millimeter weichend.

Kam mir ein Liebespaar entgegen, in dieser wiegenden Gangart, die an etwas Wunderbares erinnert – die an ein Vorspiel erinnert und sonst nichts –, blieb ich andächtig auf der Stelle stehen, in der Absicht, ihnen meine Ehrerbietung zu erweisen.

Doch das Schicksal hält nichts von Absichten. Unbeirrt wie ein Panzer hielt der Tarzan auf mich zu, so dass ich, meinem hypnotischen Blick zum Trotz, auf den Fahrdamm springen musste, kopflos, stumm vor unterdrückter Wut.

Blind und rücksichtslos in seinem Liebestanz drängte mich das Pärchen seitwärts hinter die Platane, wo ich in dem feuchten Baumbett stecken blieb, die Schuhe voller Dreck und Hundekot.

Ja, so also stand ich. Und sah mich fortan noch oftmals stehen, als dieses Bild: am Rand der Straße, am Rand der Welt, verdreckt, verjagt, der Störenfried, die komische Figur, ein Gespött den Passanten. Ich hörte Getuschel im Rücken, selbst Kinder kichernd hinter mir her, allein den Frauen war ich unsichtbar. Die Frauen: neuerdings so stolz, mit starrem Blick, wie junge Löwinnen an mir vorbei.

Bis ich endlich begriff: Die Stadt mit allen Straßen, Trottoiren, Bäumen gehört den Jungen. Die Alten haben beiseitezuspringen. Ungeachtet der Läsionen ihrer abgenutzten Leiber, ob sie noch springen können oder nicht.

Doch was ich ebenso, zu meiner Erleichterung, begriff: Der alternde Mensch ist erstaunlich flexibel. Das Beiseiterücken wird ihm zur zweiten Natur. Und: Es gibt Nebenwege überall. Wunderbar abgelegene Nebenwelten.

Schlafwandlerisch fand ich den Weg zurück ins Biereck. Hier mitten im Gelächter würde Stille sein, Anstand, Verständnis, Höflichkeit. Hier konnte jeder als der erscheinen, für den er sich ausgab.

Und alles war wie vorher gedacht:

Die Alten rückten *höflich* zusammen, damit eine Lücke für mich entstand.

Der Wirt brachte *wortlos* das Notwendige. Ich schöpfte neuen Mut.

Nur etwas, eine Winzigkeit, war verändert. Hatte man neue Birnen eingeschraubt? Lag es an der Zimmerdecke, die – früher tabakschwarz – nun orangerot, in der Farbe der Glückseligkeit, gestrichen war?

Es war *zu hell* plötzlich, *zu still.*

Die Lücke, die mir die Alten eingeräumt hatten, war *unendlich* groß.

Die Jungen, der Hitze wegen heute in Unterhemden, träumten wie schöne Tiere vor sich hin; nicht einer hatte einen Kalauer parat.

Dreimal setzte ich an, einen Witz zu erzählen, doch sie verstanden die Pointe nicht; als ich schließlich versuchte, mich selber – taumelnd und wie Charlie Chaplin schlurfend – vor der Theke als komische Figur zu präsentieren, was, wie ich wusste, nicht die schlechteste Rolle für einen alt gewordenen Menschen ist, überging man es mit *Anstand.*

In meiner Verzweiflung trank ich und trank.

Verlassen vom Glück, von den Freunden, der Welt, war ich allein im Universum: ein Zombie, eine Unfigur, und, das Schlimmste, nichtmal mehr einen Witz wert.

Ich erwachte auf der Matratze im Keller, die der Wirt für seine ärmsten, von der Welt verstoßenen Gäste, dort bereithielt. Es war die farblose Stunde vor Morgengrauen, wo selbst das Licht sich mühsam in den Tag zu kämpfen hat. In den Straßen draußen wie auch in der Luft war es still. Kein Flugzeug am Himmel.

Allein das elende Poch-Poch des «Blechdings», meines verhassten «Lebensretters», war zu hören. Ich hätte ihn mir aus der Brust reißen mögen! Er war lauter als sonst. Aufdringlicher. Wäre ich ein Literat, würde ich sagen, er hätte gesprochen. Würde uns auf der Stelle einen schönen scharf geschliffenen Dialog erfinden, einen Disput zwischen Mensch und Maschine, die beide – aufeinander angewiesen – sich zum guten Schluss versöhnen oder doch wenigstens vorliebnehmen. Die eine Lebensgemeinschaft eingehn, wie sie in unserer Gesellschaft jetzt immer häufiger zu finden ist, eine praktische Hybridverbindung, die Freundschaft ersetzend. Glücklicherweise bin ich Naturwissenschaftler. Enthielt mich jeglicher Spekulation.

Dennoch kam mir *das Ding* neuerdings nicht geheuer vor. Ich glaubte sogar, eine unverschämte Art von Vertraulichkeit, ja Überheblichkeit wahrzunehmen, die ihm nicht zustand. Doch in welchem Zustand seiner Evolution es sich auch befände, dachte ich – mochte es sich schon meiner Sprache bedienen oder mittels feinster Sensoren meinen Seelenzustand ertasten können –, nie würde dieser Kaltblüter imstande sein, aus sich heraus, eigenständig wie die Menschen,

«Seelenmasse» zu erzeugen, was ihn mir gleichberechtigt gemacht hätte.

Die Einsicht beruhigte mich. Je wacher ich wurde, desto rascher wuchs mein Selbstbewusstsein. Am Ende war ich, in einem Anfall wissenschaftlicher Großherzigkeit, sogar bereit, gewisse Vorzüge anzuerkennen, ihm die eine oder andere Tugend zuzugestehn. Bewunderte – wenn auch nur insgeheim – seine immerwährende Bereitwilligkeit, seine Ruhe, Pünktlichkeit, Stetigkeit und – ob Sie es glauben oder nicht – war ihm schließlich sogar dankbar.

Nein, Sie müssen keineswegs mehr glauben, was ich Ihnen von nun an berichte, obgleich es sich um die Wahrheit handelt. Ich weiß, dass Letztere in ihrer reinsten Form nicht selten der Lächerlichkeit verwandt ist. Und beinahe peinlich ist mir zu erzählen, was weiter geschah.

Denn kaum war ich – wenigstens halbwegs – mit dem «Lebensretter» ins Reine gekommen, nahm ich selbst einige seiner Gewohnheiten an.

Achtete in allem, was ich anfing, plötzlich auf Ordnung, Stetigkeit, Pünktlichkeit. Stand zeitig auf, aß regelmäßig und vernünftig, schluckte insgeheim sogar das eine oder andere Aufbauprodukt, war nahezu wohlgenährt; ich unterließ das kreisrunde Gegrübel in der Nacht und kam zur Ruhe.

Mein Körper begann sich aufzurichten; mir war, als würde ich noch immer wachsen. Nun folgte eins aufs andere: Die neue Größe brauchte neue Kleidung. Also verließ ich die alten Wege, die wilde Gegend am Kanal, in die ich mich in meiner schlimmen Zeit geflüchtet hatte, dieses *terrain vague* mit seinen abgestorbenen Bäumen, kranken Fischen, die die

Angler dort zurück ins giftige Wasser warfen. Ich ging dorthin, wo in den Straßen wieder Lärm und Lachen war und Jugend, Leben, wo junge Leute ihre Kleider kauften.

Ich trug die neuen Kleider, nahm vor dem Spiegel Haltung an, marschierte aufrecht wie der Tarzan in der Mitte aller Straßen; traf auch die alten Freunde wieder, meine Patienten – die mir kleiner vorkamen neuerdings, älter und unbeweglicher; die jetzt aber zu mir aufsehen mussten; die mich bestaunten, als wäre ich ein neuer Mensch geworden.

Und ich war es tatsächlich: Kam ich ins Biereck, flammte augenblicklich das Gelächter wieder auf; Alte und Junge rückten zusammen und nahmen mich in ihre Mitte; ich konnte trinken ohne Unterlass, ohne sogar in Rausch zu verfallen, stand selbst die längsten Nächte tapfer durch; ich sah mich wieder wie in jungen Jahren; die Frauen auf der Straße schauten sich nach mir um.

Ja, ich war wieder jung und tatendurstig. War sozusagen vom Alter genesen.

Mit einiger Disziplin allerdings, sagte ich zu meinen Leuten, und war nicht wenig stolz. Mit Vernunft und einer Dosis Geduld, sagte ich, und wiederholte alle Eigenschaften, die ich zuvor dem «Lebensretter» zugeschrieben und mir dann selber angeeignet hatte.

Jetzt endlich, dacht ich, könnt ich meinen Alten Beispiel sein, mit dem rechten Rezept, dem eigenen Leben, das ich endlich glaubte gemeistert zu haben; erwog sogar, ein Vademecum zu schreiben, einen Ratgeber für das Alter.

Sehn Sie, das ist die Wahrheit. Und sie ist einfach; nichts dran zu rütteln oder zurückzunehmen, nichts zu revidieren – außer vielleicht: eine Kleinigkeit. Es ist zwar die Wahrheit, von der ich spreche, doch nicht die ganze. Denn von außen, mit einigem Abstand gesehen, ist – schonungslos gesagt – die *reine* Wahrheit: Ich war alt, alt, alt! Älter als je zuvor im Leben!

Denn – sagen Sie selbst – was ist ein Mensch, der trinken kann ohne Unterlass und bringt doch keinen rechten Rausch zustande?

Was ein Mann, der ausgeht, Blicke zu sammeln, und die Frauen ringsum sprühen Funken wie Blitze, doch er kann sie nicht fangen. Es zündet nicht.

Und wer, frage ich, der es nicht am eignen Leib gespürt hat, kann die Mühsal des aufrechten Gangs ermessen?

Das Martyrium eines alten Körpers in jungen Kleidern? Die Tyrannei fortwährender Aufmerksamkeit, die einem Menschen keinen Augenblick zum Leben übrig lässt? Denn Leben ist auch – zumindest zur Hälfte –, vergessen zu können: die täglichen Sorgen, das eigene Selbst. Das kleine alte, schadhafte Leben für das erstaunliche und unermessliche ringsum.

Das ist die verzweifelte Wahrheit des Alters. Die Hölle, wenn es sie denn gibt, dachte ich, könnte nicht schlimmer sein.

Es gab die Hölle. Und sie war schlimmer als je gedacht. Ich erkannte sie an ihrem Gestank. Der sich ergab aus diesem infernalischen Gemisch von Schwefelwasserstoff, Fäkalien, Essensresten, von menschlichem Schweiß und Raumluftparfum, dem kein Desinfektionsmittel gewachsen war, so dass ich fürchtete, er könnte sich verfestigen und – in einem anderen Aggregatzustand – Wände bilden, aus denen es kein Entweichen gab.

Wie ich hineingekommen war, ist mir bis heute dunkel. Erinnere mich lediglich an den Schrei eines Anglers, den glatten Abhang und das eisige Wasser des Kanals. Dem Bericht des Arztes zufolge hatte man mich nach einem längeren Koma erst mühsam wieder ins Leben ziehen müssen. Ich nahm es hin, zu elend, um zu protestieren; gewöhnte mir jedoch – kaum dass ich ein Fingerglied rühren konnte – schleunigst wieder das Rauchen an. Ohne mir weiter Gedanken zu machen, war ich dennoch gewiss, in der Hölle zu sein.

Als ich nach Wochen langsam begann, meine Umgebung ins Auge zu fassen, fand ich es allerdings verwunderlich, dass es kein Feuer gab. Eher herrschte Kälte in den weiß getünchten Räumen, als wären selbst schon an diesem Ort die Mittel knapper geworden.

Dass keine Teufel zu sehen waren, erstaunte mich hingegen nicht. War doch die Menschheit – wie man weiß – schon seit Jahrhunderten dabei, von Zeit zu Zeit die alten Bücher zu entstauben, ihre Mythen und Sagen, je nach dem Stand der Wissenschaften, zu ergänzen oder umzuschreiben, die kleinen, die großen Erzählungen. Nun also waren es die Teufel, dachte ich, die hatten auf der Strecke bleiben müssen.

So bestätigte es mir, als ich ihn spaßeshalber danach fragte, sogar mein stummer Bettnachbar. Durch eine Sklerose am Sprechen gehindert, brachte er mit einem gurgelnden Laut, doch unmissverständlich ein Wort heraus, das gleicherweise *entsorgt* wie auch *ausgesondert* hätte bedeuten können. Wo die Teufel jetzt lebten, wusste er nicht.

Stattdessen aber waren Engel da. Und es wäre gut, wenn Sie, meine beste, geduldigste Zuhörerin, mir in allem, was ich hier wahrheitsgetreu berichte, auch weiterhin glauben könnten. Mögen Sie auch mit einigem Recht die jungfräuliche Empfängnis bezweifeln oder die Weinherstellung zu Kana, die Wesen, von denen ich spreche, waren ganz *unbezweifelbar* echt. Denn alle Attribute, die man ihnen jemals zugeschrieben hatte, waren vorhanden:

Sie bewegten sich so leise, so schnell, dass man glaubte, sie hätten keine Füße.

Sie waren stets zur Stelle, selbst wenn man nur an sie dachte.

Wie wir alle hofften, waren sie ungebunden.

Immer diskret, ohne Privatleben oder Affären, existierten sie allein für uns.

Dabei waren sie nicht zimperlich. Man konnte sie anfassen, an hervorragenden Stellen sogar streicheln, was manchem Schmerzensmann in einer langen Nacht zu einem schönen Traum verhalf. Nicht selten sah ich sie, vornehmlich gegen Abend, mit dem einen oder anderen flüstern, sie steckten ganz nahe die Köpfe zusammen, wie Kinder, die etwas sehr Geheimnisvolles zu verhandeln haben; die Alten sprachen dann so endlos lange und ausführlich, wie sie wohl nie zuvor in ihrem Leben hatten sprechen können.

Doch je länger ich es mitansehen musste, desto unruhiger wurde ich. Ertappte mich auch bald bei einem seltsamen Gefühl: War es Neugier? Kleinlicher gemeiner Neid? Rasende Eifersucht?

Was hatten sie Wichtiges zu flüstern, was wurde hastig unter Bettdecken versteckt, wenn ich, der ich als Einziger im Haus herumgehen durfte, überraschend ein Krankenzimmer betrat? Es schien, als hätten diese Menschen ununterbrochen zu tun; oft hörte ich sie mit sich selber sprechen, sah sie auf kleine Zettel oder Zeitungsränder schreiben; Papierberge stapelten sich neben den Betten auf.

Von welchem Furor waren sie besessen, dachte ich, dass sie, anstatt zu träumen, sich mühten, die letzten Lebenstage mit leeren Tätigkeiten anzufüllen, stets wach, stets gespannt, wie von Fiebergedanken getrieben?

Von nun an war ich es, der, ebenfalls ruhelos, von Flur zu Flur, von Zimmer zu Zimmer, herumspionierte, den Dingen auf den Grund zu kommen.

Doch so viel ich auch suchte, da war nichts! Nichts von Bedeutung. Nichts von Sinn. Nicht einmal von Spiel, was man ja für gewöhnlich gern den Alten zugesteht, freundlich gedankenlos: Gesang und Kinderspiel.

Dann aber, als ich die Entdeckung machte und endlich dieses Nichts begriff, da überkam mich wider meinen Willen ein Gelächter, ein unstillbares, wahrhaft höllisches, so dass die Engel einer nach dem anderen angelaufen kamen und mich fassungslos umringten; doch keiner wagte, mich zurechtzuweisen, geschweige denn mit mir zu diskutieren. Denn Engel diskutieren nicht.

Allein der Älteste von ihnen, eine Art Kapo in diesem Haus, ließ sich herab, das Wort an mich zu richten:

Was greinst du, Schwachkopf, hier herum und störst mit albernem Gelächter unseren Frieden? Du ausgerechnet, dems an nichts fehlt, der hier noch munter auf zwei Beinen geht, machst Terror! Schreist Zetermordio wegen nichts und wieder nichts, ohne Verstand, mein Freund, aus keinem Grund!

Grund, Grund! schrie ich zurück, sollt ich nicht lachen über die Tragödie, die hier in diesem Haus gespielt wird? Und alle Schmierenkomödianten, die sie mitspielen!

Über den Krüppel, der – noch in seinem Sterbezimmer drüben – sich erdreistet, mit wirren Rechnungen, die alle falsch sind und zum Müll gehörten, die Theorie des großen Einstein anzufechten ... die allgemeine, versteht sich!

Ist es nicht Grund genug, sich schiefzulachen über einen Menschen, der, wie gestern noch mein Nachbar, des Nachts im Bett auffährt und ohne Stottern eine lange Rede hält? Ein Stummer, denken Sie, der plötzlich sprechen kann und mir die Vorzüge des einzig wahren Sozialismus preist?

Und schließlich: Sollte ich nicht vor Gelächter über diese Alte heulen, die sich zur Nacht noch ihre Greta-Garbo-Augen schminkt, für ihren Liebsten, dem sie vor hundert Jahren um einer neuen Liebe willen fortlief?

Ja, schrie ich, über alle diese, die ihr noch täglich füttert, lach ich, in die ihr Nahrung schüttet kübelweis, doch nichts wird mehr verdaut; in kranken Körpern kann nichts wachsen – nicht Haut noch Haar, noch schöne Glieder. «Doch er wird kommen», sagt Marisa mit den Greta-Garbo-Augen, «er kommt mit der Fähre, mich zu holen ...» O Himmel, schrie ich, welcher zynische Gott lässt diese Menschen ihre Träume selbst am Ende nicht vergessen?

Und als ich so schrie, als ich mich schreien hörte gestern Nacht, war ich vom Lachen derartig geschüttelt, dass mir zu meinem Ärger Tränen in die Augen kamen.

So zog ich also vor zu schweigen, verbarg das Gesicht in den Händen aus Verzweiflung über das flackernde Leben, diese ganze stinkende, verwesende Existenz, und erwartete das Urteil, das ja in einer Hölle kommen musste.

Doch der Oberengel, der mir jetzt allerdings verändert vorkam, als hätte er dem Engel-Status wieder abgeschworen, ihn abgelegt wie ein zerschlissenes Hemd, zog mit einer unerwartet sanften Bewegung meinen Kopf an seine Stirn und begann leise mit mir zu flüstern:

Armer Freund, sagte er, armer Mensch, der du noch immer wie im Schlaf durchs Leben geisterst und möchtest weiterschlafen – und musst doch aufwachen eines Tages!

Denn wenn du nur ein Auge öffnen wolltest, würdest du sehen, wie hier alles ringsum lebt, wie's plant, rechnet, denkt. Und wills, wie sichs gehört, zu Ende bringen: das kleine, dumme, unvollkommene Leben, doch ebenso das andere, zweite, das aber *riesengroß* ist – ich könnte schwören, dass es jeder in Gedanken mitlebt –, das will er schaffen um jeden Preis!

Ob einer heimlich rechnet und rechnet Tag und Nacht, als könnte er noch einen neuen Stern entdecken ...

Ob eine Alte die Liebe ihres Lebens auf ewig unbeschädigt halten will ...

Zum Schluss soll es gelingen, was einmal schief war, soll wieder gerade sein, was einst beschädigt, noch einmal frisch und unzerkratzt ...

Wie einer sich gedacht hat, lebenslang, will er gewesen sein!

Wach endlich auf, Mensch! Begreif die ungeheure Kraft, die man hier braucht, dies doppelte Gewicht zu schleppen, den jungen, ungebrochenen Geist, der nötig ist, der Wucht des letzten Lebens standzuhalten.

Reiß dich zusammen! Halt die Gedanken jung!

Könnte ja sein, dass es auch dich – selbst dich – ganz unerwartet trifft, die Wahrheit dich eines Tages wie ein Blitz durchfährt, du hältst den Atem an, willst es – im Fallen schon – noch einmal stemmen ... und spürst ... und willst ... um jeden Preis ... und denkst ...

Blitz, ja, *wie ein Blitz*, sagte er tatsächlich, und so kommt es mir, auch mir, da ich Ihnen hier davon berichte, eben jetzt in den Kopf, dass ich anhalten muss, dass ich aufhören muss, damit ich es zu fassen kriege, den ... Irrwitz dieses letzten Gedankens, des wichtigsten ... wahrsten, für den es immer schon zu spät sein kann.

Also verzeihn Sie. Vielen Dank.

Anmerkungen

1 Vgl. *W. Jens*, Beitrag in: Angst und Hoffnung in unserer Zeit, Darmstädter Gespräch 1963, hg. von K. Schlechta, 1965, 157–165, 165.

2 *F. Schiller*, Hoffnung, Sämtliche Werke, hg. von G. Fricke und H. G. Göpfert in Verbindung mit H. Stubenrauch, Bd. 1, ⁴1965, 216 f.

3 *G. W. F. Hegel*, Wissenschaft der Logik I, PhB 56 [²1934] 1951, 67. Vgl. ebd.: «Das Sein, das unbestimmte Unmittelbare, ist in der Tat *Nichts*, und nicht mehr noch weniger als Nichts.»

4 So bereits *I. Kant*, Die Religion innerhalb der Grenzen der bloßen Vernunft, Akademie-Textausgabe VI, 1907, 77 f.: Dass dem Menschen auf einen *zu erweichenden* Richter im Jenseits «Hoffnung gemacht wird», heißt für Kant, diesem Menschen, statt ihn auf sein eigenes unerbittlich strenges Gewissen zu verweisen, «gleichsam Opium fürs Gewissen zu geben» (aaO., 78, Anm.). Ähnlich urteilt *L. Feuerbach* [Pierre Bayle. Ein Beitrag zur Geschichte der Philosophie und Menschheit. G. W., Bd. 4, hg. von W. Schuffenhauer, 1967, 354 f.]: Wer mit Hoffnung auf ewige Freuden oder mit Furcht vor ewiger Hölle Religion propagiert, der gibt dem Menschen «Opium ein, um ihm in dem Zustande, wo die Leidenschaften der Furcht oder Hoffnung

seine Vernunft umnebelt haben, sein Ehrenwort abzunehmen».
K. Marx [Zur Kritik der Hegelschen Rechtsphilosophie, MEGA
I, 1958, 378 f.] vermag allerdings in den Hoffnungen der Religion beides zu sehen: einen «*Ausdruck* des wirklichen Elendes»
der Gegenwart «und in einem» damit «die *Protestation* gegen
das wirkliche Elend». Insofern ist – wie es in sprachlicher An-
lehnung an andere Äußerungen Feuerbachs heißt – die «Religion ... der Seufzer der bedrängten Kreatur, das Gemüt einer
herzlosen Welt, wie sie der Geist geistloser Zustände ist. Sie ist
das *Opium* des Volks.» Marx ist dementsprechend weniger an
der Kritik der Religion als Religion interessiert – die Religions-
kritik ist für ihn eine durch Feuerbach bereits erledigte Sache
– als vielmehr an der Kritik des Elendes, das ein solches Opiat
nötig macht: «Die Kritik der Religion ist also im *Keim* die *Kritik des Jammertales*, dessen *Heiligenschein* die Religion ist ...
Es ist also die *Aufgabe der Geschichte*, nachdem das *Jenseits
der Wahrheit* verschwunden ist, die *Wahrheit des Diesseits* zu
etablieren ... Die Kritik des Himmels verwandelt sich damit in
die Kritik der Erde» (aaO., 379). Zum «nicht halbierten» Verständnis der Opiumsstelle bei Marx vgl. *E. Bloch*, Atheismus
im Christentum. Zur Religion des Exodus und des Reichs,
G. A., Bd. 14, 1968, 88–92.

5 *F. Schleiermacher*, Der christliche Glaube, nach den Grundsät-
zen der evangelischen Kirche im Zusammenhange dargestellt
(1830), §158.3, hg. von M. Redeker, Bd. 2, ⁷1960, 416 = KGA
13/2, hg. von R. Schäfer, 2003, 465.

6 Auch *Vergil* kennt die Ambivalenz der Hoffnung (Aeneis 2,
354): «una salus victis nullam sperare salutem».

7 *P. Friedländer*, Herakles. Sagengeschichtliche Untersuchungen,
Philologische Untersuchungen Heft 19, 1907, 39–45.

8 Dem entspricht, was *Theognis* [Elegien 1135–1146] über die
Hoffnung zu sagen hat: «Hoffnung bleibt uns Menschen allein

als helfende Gottheit. Alle anderen sind zum Olymp längst schon zurück. Weg ist die Pistis, mächtige Gottheit, weg von den Männern ist Sophrosyne ... Aber solang einer lebt und sieht noch das Sonnenlicht, soll er, fromm gegen die Götter, bei der Hoffnung bleiben. Und zu den Himmlischen betend sollen die ersten und letzten Gaben der Hoffnung stets flammen auf fettem Altar.»

9 *Hesiod*, Erga 60 ff. und Theogonie 571 ff.

10 Vgl. *I. Kant*, Logik. Ein Handbuch zu Vorlesungen, Akademie-Textausgabe IX, 1923, 25.

11 *H. Diels/W. Kranz* (Hg.), Die Fragmente der Vorsokratiker I, ¹²1966, Parmenides 28 [18] B 16, 244.

12 *Sophokles*, Antigone 615 ff.

13 *Platon*, Philebos 33c–34c; 39a–41b; vgl. Politeia 330e–331a.

14 *Platon*, Phaidon 64a.

15 *M. Luther*, Operationes in Psalmos. 1519–1521, WA 5, 166,18.

16 *Aristoteles*, Problemata Physica 916a 33 ff.; vgl. Nik. Eth. Z 1141a 20 ff. – *H. Diels/W. Kranz* (Hg.), Die Fragmente der Vorsokratiker I, ¹²1966, 24 [14] B 2 [11], 215.

17 *Aristoteles*, Problemata Physica 916a 35 ff.

18 Vgl. *H. Diels/W. Kranz*, aaO., 24 [14] B 1, 214.

19 *M. Scheler*, Tod und Fortleben. Schriften aus dem Nachlass Bd. 1, 1957, 20.

20 *Meister Eckehart*, Deutsche Predigten und Traktate, hg. und übers. von J. Quint, ⁴1977, 315,35–316,3.

21 So empfiehlt es das sogenannte Baltimore-Gebet und neuerdings auch Elisabeth Moltmann-Wendel.

22 *F. Schleiermacher*, Monologen. KGA Abt. I, Bd. 3, hg. von G. Meckenstock, 1988, 56.

23 Ebd.

Die Autorin und die Autoren

FRIEDRICH WILHELM GRAF, geboren am 19. Dezember 1948 in Wuppertal. Nach einem längeren Japan-Aufenthalt studierte Graf Evangelische Theologie, Philosophie und Geschichte in Wuppertal, Tübingen und München. Der theologischen Promotion mit einer Arbeit über David Friedrich Strauß folgte die Habilitation mit einer Studie über Kulturkonzepte protestantischer Theologen des 19. Jahrhunderts. Nach Professuren in Augsburg und Hamburg sowie diversen Gastprofessuren in Pretoria und Tokyo lehrt Graf seit 1999 an der Ludwig-Maximilians-Universität München Systematische Theologie und Ethik. Er ist seit 2001 ordentliches Mitglied der Bayerischen Akademie der Wissenschaften und Vorsitzender ihrer Kommission für Theologiegeschichtsforschung. 1999 wurde er als erster Theologe überhaupt mit dem Leibniz-Preis der Deutschen Forschungsgemeinschaft ausgezeichnet. Einer größeren Öffentlichkeit ist er durch zahlreiche Beiträge in der *Frankfurter Allgemeinen Zeitung*, der *Süddeutschen Zeitung* und der *Neuen Zürcher Zeitung* bekannt.

EBERHARD JÜNGEL, geboren am 5. Dezember 1934. Jüngel, einer der prominentesten Theologen im deutschen Sprachraum, studierte ab 1953 Evangelische Theologie an den Kirchlichen Hochschulen in

Naumburg/Saale und Berlin sowie an den Universitäten Zürich und Basel. 1961 wurde er mit der Studie *Paulus und Jesus* zum Dr. theol. promoviert. 1962 erfolgte die Ordination, und noch im selben Jahr hat Eberhard Jüngel sich an der Kirchlichen Hochschule Berlin-Ost, dem sogenannten Sprachenkonvikt, für Systematische Theologie habilitiert. Hier lehrte er zunächst als Dozent für Neues Testament, dann für Dogmatik. 1966 folgte Jüngel einem Ruf auf den Lehrstuhl für Systematische Theologie und Dogmengeschichte an der Universität Zürich, wechselte 1969 als Ordinarius für Systematische Theologie und Religionsphilosophie sowie als Direktor des Instituts für Hermeneutik an die Universität Tübingen, der er trotz mehrerer ehrenvoller Rufe, unter anderem nach München, bis zu seiner Emeritierung im Jahre 2003 treu blieb. Von 1987 bis 2005 war Jüngel zugleich Ephorus des berühmten Evangelischen Stifts in Tübingen und von 2003 bis 2006 auch Leiter der Forschungsstätte der Evangelischen Studiengemeinschaft e. V. in Heidelberg. Der Ehrendomprediger am Berliner Dom und Träger des Karl-Barth-Preises der Union Evangelischer Kirchen ist mit hohen staatlichen Orden und zahlreichen Promotionen honoris causa geehrt worden. Eberhard Jüngel, seit langen Jahren Mitglied des Ordens «Pour le mérite für Wissenschaften und Künste», ist hier seit 2009 Ordenskanzler.

HERMANN LÜBBE, geboren am 31. Dezember 1926 in Aurich (Ostfriesland). Lübbe studierte von 1947 bis 1951 Philosophie, evangelische Theologie und Soziologie in Göttingen, Münster und Freiburg im Breisgau. Nach seiner Promotion mit einer Arbeit zur *Vollendung der Ding-an-sich-Problematik im Werke Kants* habilitierte sich der Schüler Joachim Ritters und Assistent Gerhard Krügers 1956 in Erlangen mit der Studie «Die Transzendentalphilosophie und das Problem der Geschichte». Nach Dozenturen und Professuren in Erlangen, Hamburg, Köln und Münster war Hermann Lübbe von 1963 bis 1969 Ordinarius für Philosophie an der neu gegründeten Ruhr-

Universität Bochum, seit 1966 zugleich Staatssekretär im Kultusministerium von Nordrhein-Westfalen. 1969 wechselte der damals der Sozialdemokratischen Partei verbundene Intellektuelle in das Amt des Staatssekretärs beim Ministerpräsidenten und ging als ordentlicher Professor für Sozialphilosophie an die neu gegründete Universität Bielefeld. 1970 schied er aus dem Amt des Staatssekretärs aus und folgte 1971 einem Ruf als ordentlicher Professor für Philosophie und Politische Theorie an die Universität Zürich; seit seiner Emeritierung 1991 lehrt er hier nun als Honorarprofessor. Seit 2004 forscht Hermann Lübbe zudem als Senior Fellow an der Universität-Gesamthochschule Essen. Hermann Lübbe ist Mitglied des P. E. N.-Zentrums Deutschland, der Berlin-Brandenburgischen Akademie der Wissenschaften und zahlreicher anderer wissenschaftlicher Institutionen. Wegen seiner großen Verdienste um eine modernitätskompatible Deutung von Religion und Christentum verlieh ihm die Evangelisch-Theologische Fakultät der Ludwig-Maximilians-Universität München 2000 den Dr. theol. honoris causa. 1990 wurde Hermann Lübbe mit dem Ernst-Robert-Curtius-Preis für Essayistik ausgezeichnet und 1995 mit dem Preis der Hanns-Martin-Schleyer-Stiftung.

HUBERTUS VON PILGRIM, geboren am 24. August 1931 in Berlin. Der bekannte Bildhauer modellierte schon als Schüler erste Plastiken und arbeitete seit 1948 neben der Schule lernend und helfend im Atelier des Karlsruher Bildhauers Karl Sulzer mit. Nach dem Abitur am Humanistischen Gymnasium wurde er von 1951 bis 1954 in Karlsruhe von Erich Heckel, dem Maler und Graphiker des deutschen Expressionismus und Gründer der Künstlergruppe «Die Brücke», unterrichtet. Parallel studierte er Kunstgeschichte, Literaturwissenschaft und Philosophie an der Universität Heidelberg. An der Hochschule der Künste in Berlin war er von 1954 bis 1960 Meisterschüler von Bernhard Heiliger. Die Kunst des freien Kupferstechens verfeinerte er sodann bei Stanley W. Heyter in dessen berühmtem

Pariser «Atelier 17». Seit 1962 baute Hubertus von Pilgrim in Heidelberg eine eigene Druckwerkstatt auf. Von 1963 bis 1977 lehrte er an der neu gegründeten Hochschule für Bildende Künste in Braunschweig und von 1977 bis 1995 dann an der Kunstakademie in München. Neben seiner bildhauerischen Arbeit gestaltet Hubertus von Pilgrim seit 1984 auch mit großem Erfolg Medaillen. Zu seinen bekanntesten Arbeiten zählen das große Adenauer-Denkmal vor dem Bundeskanzleramt in Bonn, das Bonner Denkmal für Ludwig Erhard, zwei Reliefs an der Versöhnungskirche im ehemaligen Konzentrationslager Dachau und die insgesamt 22 weithin identischen Mahnmale am Weg des sogenannten «Todesmarsches» der Dachauer KZ-Häftlinge. Hubertus von Pilgrim ist seit 1995 Mitglied im Orden «Pour le mérite für Wissenschaften und Künste», dem er seit 2009 auch als Vizekanzler dient. Er ist zudem mit hohen politischen Orden, etwa dem Bayerischen Verdienstorden, ausgezeichnet worden. Im Jahre 2008 wurde ihm der Deutsche Medailleurpreis «Johann Veit Döll» verliehen.

GERLIND REINSHAGEN, geboren am 4. Mai 1926 in Königsberg (Ostpreußen). Nach dem Abitur studierte Gerlind Reinshagen von 1946 bis 1949 Pharmazie und von 1954 bis 1956 an der Hochschule der Künste in Berlin, wo sie seit 1956 als freie Schriftstellerin lebt. 1974 erhielt Gerlind Reinshagen die Fördergabe des Schiller-Gedächtnispreises des Landes Baden-Württemberg, 1977 den Mühlheimer Dramatikerpreis, 1982 die Ehrengabe des Andreas-Gryphius-Preises, 1988 die Roswitha-Medaille der Stadt Bad Gandersheim, 1993 den Ludwig-Mühlheims-Preis für religiöse Dramatik, 1999 den Niedersachsenpreis sowie 2008 den Deutschen Kritikerpreis. Nach Kinderbüchern und Hörspielen trat Gerlind Reinshagen seit 1968 mit gesellschaftskritischen Theaterstücken hervor, die oft von Claus Peymann inszeniert wurden. Seit 1981 veröffentlicht Gerlind Reinshagen auch wieder erzählende Prosa.

WILLIBALD SAUERLÄNDER, geboren am 29. Februar 1924 in Bad Waldsee. Der führende deutsche Kunsthistoriker seiner Generation wurde 1953 in München bei Hans Jantzen mit einer Arbeit über *Das gotische Figurenportal in Frankreich* promoviert. Danach arbeitete er in Paris als Fremdenführer und Lecteur allemand. 1959 ging er als Wissenschaftlicher Assistent nach Marburg, wurde dann aber aufgrund eines inzwischen berühmten Aufsatzes über den Jahreszeitenzyklus des Nicolas Poussin (1956) von Erwin Panofsky 1961 als Visiting Member an das Institute for Advanced Study nach Princeton eingeladen. Hier begegneten ihm jene großen deutschjüdischen Kunsthistoriker – wie Walter Friedländer, Richard Krautheimer und Hanns Swarzenski –, die Deutschland nach 1933 hatten verlassen müssen. Von 1962 bis 1970 lehrte Sauerländer in Freiburg. 1970 wurde er zum Direktor des Zentralinstituts für Kunstgeschichte in München berufen, wo er zugleich als Honorarprofessor für Mittlere und Neuere Kunstgeschichte an der Ludwig-Maximilians-Universität lehrte. Willibald Sauerländer ist seit 1973 ordentliches Mitglied der Bayerischen Akademie der Wissenschaften und gehört darüber hinaus Akademien in Frankreich, Großbritannien und den USA an. Er lehrte als Visiting Professor in Berkeley, Harvard, New York und war Mellon Lecturer in Washington D. C. Neben verschiedenen Ehrendoktoraten wurden ihm auch hohe politische Ehren, wie insbesondere der Orden der Ehrenlegion, zuteil. Der weltberühmte Mediävist schrieb grundlegende Bücher über die *Gotische Skulptur in Frankreich* und *Das Jahrhundert der großen Kathedralen*. Seine Aufsätze zur französischen Malerei des 17. und 18. Jahrhunderts sind Grundlagentexte im kunsthistorischen Lehrbetrieb geworden. Den Lesern des Feuilletons der *Süddeutschen Zeitung* ist Willibald Sauerländer seit 1990 durch große Kritiken von Ausstellungen bekannt.

Aus dem Verlagsprogramm

FRIEDRICH WILHELM GRAF BEI C. H. BECK

Die Wiederkehr der Götter
Religion in der modernen Kultur
2007. 336 Seiten. Paperback
(Beck'sche Reihe Band 1779)

Moses Vermächtnis
Über göttliche und menschliche Gesetze
3. Auflage. 2006
99 Seiten mit 22 Abbildungen. Klappenbroschur

Missbrauchte Götter
Zum Menschenbilderstreit in der Moderne
2009. 208 Seiten mit 31 Abbildungen
Klappenbroschur

Der Protestantismus
Geschichte und Gegenwart
2006. 127 Seiten. Paperback
(C. H. Beck Wissen in der Beck'schen Reihe Band 2108)

Klassiker der Theologie
Herausgegeben von Friedrich Wilhelm Graf
Band 1: Von Tertullian bis Calvin
2005. 288 Seiten. Paperback
(Beck'sche Reihe Band 1630)
Band 2: Von Richard Simon bis Karl Rahner
2005. 320 Seiten. Paperback
(Beck'sche Reihe Band 1631)

ALTER UND ALTERN BEI C. H. BECK

Bernd Hein/Werner Kraus (Hg.)
Notfall Altenpflege?
Ein Ratgeber für Betreuer und Angehörige
2005. 272 Seiten mit 1 Abbildung. Paperback
(Beck'sche Reihe Band 1599)

Marianne Künzel-Schön
Wenn alte Eltern Hilfe brauchen
Psychologie und Praxis
2004. 223 Seiten. Paperback
(Beck'sche Reihe Band 1571)

Herrad Schenk
Der Altersangst-Komplex
Auf dem Weg zu einem neuen Selbstbewusstsein
2007. 238 Seiten. Paperback
(Beck'sche Reihe Band 1755)

David Shields
Das Dumme am Leben ist, dass man eines Tages tot ist
Eine Art Anleitung zum Glücklichsein
Aus dem amerikanischen Englisch von Christoph Gutknecht
2009. 256 Seiten. Gebunden

Lewis Wolpert
Wie wir leben und warum wir sterben
Das geheime Leben der Zellen
Aus dem Englischen von Elsbeth Ranke
2009. 240 Seiten mit 1 Abbildung. Gebunden